Дух, душа
і тіло. Книга 1

Розповідь про незбагненні пошуки власного «я»

Дух, душа
і тіло. Книга 1

Доктор Джерок Лі

Передмова

Люди звичайно бажають бути успішними, жити щасливо і зручно. Але навіть маючи гроші, силу і визнання, жоден з них не зможе уникнути смерті. Ши Хуан-ді, перший імператор стародавнього Китаю, розшукав рослину-еліксир життя, але також не зміг уникнути смерті. Однак у Біблії Бог вчить нас як здобути вічне життя. Це життя походить від Ісуса Христа.

Відколи я прийняв Ісуса Христа і почав читати Біблію, я почав молитися і глибоко розуміти сутність Бога. Бог відповів мені після семи років постійної молитви і періодичних постів. Після того, як я відкрив церкву, Бог пояснив мені багато важких уривків із Біблії через надихання Святого Духу, одним з яких є докладне пояснення «Духу, душі і тіла». Це таємнича історія, яка дозволяє нам зрозуміти походження людей і дозволяє нам зрозуміти себе. Про таке я не міг почути в жодному іншому місці, і мою радість неможливо описати.

Під час моєї проповіді про дух, душу і тіло було багато

свідоцтв і відгуків як в Кореї, так і в інших країнах світу. Багато людей сказали, що звільнилися, зрозуміли свою сутність і отримали відповіді щодо розуміння важких уривків Біблії, а також зрозуміли, яким чином можна отримати істинне життя. Тепер дехто з тих людей говорить, що зараз мають ціль стати людиною духу і спільниками божественної природи Бога. Вони намагаються досягти цього як написано у 2 Посланні Петра 1:4: «Через них даровані нам цінні та великі обітниці, щоб ними ви стали учасниками Божої Істоти, утікаючи від пожадливого світового тління».

У трактаті генерала Сунь Цзи «Мистецтво війни» говориться про те, що якщо ви знаєте себе і свого ворога, ви ніколи не програєте жодну битву. Проповіді на тему «Дух, душа і тіло» пролили світло на глибинні сторони нашого «я», розповідаючи нам про походження людей. Відколи ми дізнаємося і зрозуміємо це послання, ми зможемо зрозуміти будь-яку людину. Ми також дізнаємося про способи захисту від сил темряви, які впливали на нас, і зможемо жити переможним християнським життям.

Я вдячний Геумсун Він, директору редакційного бюро, а також його працівникам, які віддано працювали над виданням цієї книжки. Сподіваюся, ви процвітатимете в усіх своїх справах, будете здоровими і добре вестиметься душі вашій, що ви і надалі будете спільниками божественної природи Бога.

Червень 2009,
Джерок Лі

Початок подорожі під назвою «Дух, душа і тіло»

«А Сам Бог миру нехай освятить вас цілком досконало, а непорушений дух ваш, і душа, і тіло нехай непорочно збережені будуть на прихід Господа нашого Ісуса Христа!» (1 Послання до солунян 5:23).

Теологи сперечаються щодо частин, з яких складається людина, щодо дихотомічної та трихотомічної теорії. Дихотомічна теорія стверджує, що людина складається з двох частин: духу і тіла, тоді як трихотомічна говорить про три складові: дух, душу і тіло. В основу цієї книжки покладено трихотомічну теорію.

Звичайно знання можна розподілити на знання про Бога і знання про людей. Для нас дуже важливо, живучи на цій землі, отримати знання про Бога. Наше життя може бути успішним і ми можемо отримати вічне життя, якщо зрозуміємо сутність Бога і будемо виконувати Його волю.

Людина була створена за образом і подобою Бога, і без Бога жити не могла. Без Бога люди не могли чітко зрозуміти своє походження. Ми можемо отримати відповіді на питання щодо походження людей лише якщо знатимемо, хто такий Бог.

Дух, душа і тіло належать такій сфері, які ми не можемо

зрозуміти, маючи лише людські знання, мудрість і силу. Це та сфера, яку може відкрити для нас лише Бог, Котрий знає все про походження людини. Те саме можна сказати про людину, яка створила комп'ютер: вона має професійні знання щодо будови і знає принцип роботи комп'ютерів. Отже лише конструктор може вирішити будь-яку проблему пов'язану з роботою комп'ютера. Ця книжка сповнена духовних знань про четвертий вимір і дає нам чіткі відповіді щодо духу, душі і тіла.

Читачі можуть дізнатися із цієї книжки про наступне:

1. Завдяки духовному розумінню духу, душі і тіла, які є складовими частинами людини, читачі можуть подивитися на своє «я» і зрозуміти, що таке життя само по собі.

2. Вони можуть прийти до повної самореалізації, дізнавшись про те, ким вони є, і яке «я» вони створили. Ця книжка показує читачам спосіб зрозуміти себе, як промовив апостол Павло у 1 Посланні до коринтян 15:31: «Я щодень умираю», а також досягти святості і стати людьми духу, яких бажає бачити Бог.

3. Ми можемо уникнути пастки ворога, диявола і сатани, і отримати силу подолати темряву лише зрозумівши все про себе. Як сказав Ісус: «Коли тих Він богами назвав, що до них слово Боже було, а Писання не може порушене бути» (Євангеліє від Івана 10:35), ця книжка допомагає читачам знайти найкоротший спосіб бути спільниками божественної природи Бога і отримати всі благословення, які обіцяв дати нам Бог.

Зміст

Передмова

Дух, душа і тіло. Початок подорожі.

Частина 1 Формування тіла

Розділ 1 Загальне уявлення про тіло

Розділ 2 Створення
1. Таємниче відділення просторів
2. Фізичний і духовний простір
3. Люди, які мають дух, душу і тіло

Розділ 3 Люди у фізичному просторі
1. Зерно життя
2. Як з'явилася людина
3. Совість
4. Діла тіла
5. Зрощення

Частина 2 Формування душі
(Робота душі у фізичному просторі)

Розділ 1 Формування душі

1. Що таке душа

2. Різноманітна робота душі у фізичному просторі

3. Темрява

Розділ 2 Я

Розділ 3 Діла тіла

Розділ 4 За межами рівня живого духу

Частина 3 Повернення духу

Розділ 1 Дух і повний дух

Розділ 2 Початковий план Бога

Розділ 3 Справжня людська істота

Розділ 4 Духовне царство

Формування тіла

Походження людини

Звідки ми взялися і куди подінемося?

> Бо Ти вчинив нирки мої,
> Ти виткав мене в утробі матері моєї,
> Прославляю Тебе,
> що я дивно утворений!
> Дивні діла Твої,
> і душа моя відає вельми про це!
> І кості мої не сховались від Тебе,
> бо я вчинений був в укритті,
> я витканий був у глибинах землі!
> Мого зародка бачили очі Твої,
> і до книги Твоєї записані всі мої члени та дні,
> що в них були вчинені,
> коли жодного з них не було...
> Псалом 138:13-16

Загальне уявлення про тіло

Тіло людини, яке з часом знову перетворюється на жменю пороху, вся їжа, яку споживає людина, все, що вона бачить, чує і чим насолоджується, все, що вона виробляє, є прикладом «тіла».

Що таке тіло?

Люди нікчемні, не мають цінності, якщо залишаються у тілі

Все у всесвіті має різні виміри

Вищі виміри підкоряють нижчі і керують ними

За часів свого існування люди знайшли відповідь на запитання «Що таке людина?» Відповідь на це питання дасть нам відповіді на інші запитання: «Для чого ми живемо?», а також «Як нам треба жити?» Вивчення, дослідження і міркування про існування людини широко проводилися в області філософії та релігії, але знайти чітку і стислу відповідь нелегко.

Однак люди постійно намагалися знайти відповідь на запитання: «Якою істотою є людина?», а також «Хто я?» Такі запитання виникають тому, що відповіді на них можуть стати ключем для вирішення основних проблем існування людства. Дослідження цього світу не може дати чітку відповідь на дані запитання, але Бог може. Він створив всесвіт і все, що в ньому. Він створив людину. Відповідь Бога – правильна відповідь. Ми можемо знайти ключ до цих запитань у Біблії, Божому Слові.

Теоретики часто розподіляють частини, з яких складається людина, на дві категорії: «душа» і «тіло». Частина, яка відповідала за розумові аспекти, називалася «духом», а частина, яка складалася з видимих, фізичних, аспектів, називалася «тілом». Однак, за Біблією людина складається з трьох частин: духу, душі і тіла.

У 1 Посланні до солунян 5:23 написано: «А Сам Бог миру нехай освятить вас цілком досконало, а непорушений дух ваш, і душа, і тіло нехай непорочно збережені будуть на прихід Господа нашого Ісуса Христа!»

Дух і душа – це не одне і те ж. Це не просто різні назви, але вони різні по суті. Щоби зрозуміти, що таке «людина», ми повинні дізнатися про те, що таке тіло, душа і дух.

Що таке тіло?

Давайте спочатку дізнаємося із словника про значення слова «тіло». Тлумачний словник дає таке визначення: «М'які частини тіла тварини, особливо хребетної тварини; зокрема: частини, які головним чином складаються зі скелетних м'язів і відрізняються від внутрішніх органів, кісток та шкіри». Тілом також можуть бути їстівні частини тварини. Але для того, щоби зрозуміти, що таке «тіло» з біблійної точки зору, ми повинні зрозуміти духовне значення, а не словникове визначення.

В Біблії часто використовуються слова «тіло» і «плоть». У більшості випадків ці слова мають духовне значення. З духовної точки зору плоть – це загальний термін для всього, що гине, змінюється і зрештою з часом зникає. Це також все брудне і нечисте. Дерева, які мають зелене листя, колись висохнуть і загинуть, а їхні гілки і стовбури можуть стати дровами. Дерева, рослини і все живе у природі гине, гниє і з часом зникає. Отже, все це – плоть.

А як щодо чоловіка, паном над усім живим? На сьогодні населення землі складає приблизно 7 мільярдів осіб. Саме у цю мить в одному кінці світу хтось постійно народжується, а в іншому помирає. Після смерті люди перетворюються на жменю пороху земного, вони також є тілом. Крім того, їжа, яку ми вживаємо, мови, якими говоримо, алфавіти, які використовуємо для записування думок, наукові та технологічні доробки також вважаються тілом. З часом вони гинуть, змінюються і помирають. Тому все, що знаходиться на цій землі, що ми можемо бачити, а також всі речі у всесвіті, які нам відомі, є «тілом».

Люди, які відійшли від Бога, -- тілесні істоти. Те, що вони роблять, також є «тілом». Що тілесні люди виробляють, чого шукають? Вони домагаються лише похоті тіла, похоті очей і хвастливої життєвої гордості. Навіть людські надбання служать для задоволення п'яти почуттів людини. Вони існують для задоволення тілесної похоті і бажання. З плином часу люди віднайшли набагато чуттєві та спокусливіші речі. З розвитком цивілізації люди стають більш похітливими і розбещеними.

Існує видиме і невидиме «тіло». В Біблії говориться про те, що ненависть, сварки, заздрість, убивства, перелюб і всі учинки, пов'язані з гріхом, -- це тіло. Так само, як невидимими є запах квітів, повітря і вітер, невидимою є гріховна природа людини. Все це також «тіло». Тому тіло – це загальна назва для всього, що існує у всесвіті, гине і з часом змінюється, а також для всієї неправди: гріхів, зла, несправедливості і беззаконня.

У Посланні до римлян 8:8 написано: «І ті, хто ходить за тілом, не можуть догодити Богові». Якби «тіло» у цьому вірші означало фізичне тіло людини, тоді людина ніколи не змогла би догодити Богові. Отже, тут повинно бути інше значення.

Також Ісус в Євангелії від Івана 3:6 сказав: «Що вродилося з тіла є тіло, що ж уродилося з Духа є дух». В Євангеілії від Івана 6:63 Ісус промовив: «То дух, що оживлює, тіло ж не помагає нічого. Слова, що їх Я говорив вам, то дух і життя». Тут «тіло» також означає те, що гине і змінюється, і тому Ісус сказав, що воно «не помагає нічого».

Люди нікчемні, не мають цінності, якщо залишаються у тілі

На відміну від тварин люди прагнуть до певних цінностей, які засновуються на власних емоціях і думках. Але все це не вічне, а отже всі вони також є тілом. Все, що люди вважають цінним: багатство, слава і знання, також є безглуздим і таким, що скоро загине. А як щодо почуття, яке називається «любов»? Коли двоє зустрічаються, їм здається, що вони не можуть жити один без одного. Але багато з цих пар змінюють своє ставлення після одруження. Вони легко гніваються і розчаровуються і навіть шаленіють, бо їм просто щось не подобається. Всі ці зміни у почуттях також є тілом. Якщо люди залишаються в тілі, вони не надто відрізняються від тварин або рослин. З точки зору Бога все – це лише тіло, яке загине і зникне.

У 1 Посланні Петра 1:24 написано: «Бо кожне тіло немов та трава, і всяка слава людини як цвіт трав'яний: засохне трава то й цвіт опаде». А також у Посланні Якова 4:14 написано: «Ви, що не відаєте, що трапиться взавтра, яке ваше життя? Бо це пара, що на хвильку з'являється, а потім зникає!...»

Тіло людини а також всі її думки безглузді, оскільки вони відійшли від Божого Слова, яке є духом. Цар Соломон насолоджувався славою і розкішшю, які лише може мати людина на цій землі. Але він зрозумів безглуздя тіла і промовив: «Наймарніша марнота, ...наймарніша марнота, марнота усе! Яка користь людині в усім її труді, який вона робить під сонцем?» (Екклезіяст 1:2-3)

Все у всесвіті має різні виміри

Вимір у фізиці або математиці визначається за допомогою однієї з трьох координат, яка визначає положення предмету у просторі. Крапка на лінії має одну координату і має один вимір. Крапка на площині має дві координати і є двовимірною. Таким же чином крапка у просторі має три координати і є тривимірною.

Говорячи мовою фізики, ми живемо у тривимірному світі. Час у фізиці вважається четвертим виміром. Таким є поняття про виміри в науці.

Але з точки зору духу, душі і тіла вимір можна поділити на фізичний і духовний. Фізичний вимір можна поділити на категорії: від «невимірного» до «тривимірного». Перше, термін «невимірний» означає все, що не має життя. До цієї категорії належать каміння, ґрунт, вода і метали. Все живе належить до одно-, дво-, або тривимірної категорії.

Перший вимір стосується всього, що має життя і дихання, але не може рухатися, тобто не має функціональної мобільності. До цього виміру входять квіти, трава, дерева та інші рослини. Вони мають тіло, але не мають духу і душі.

До другого виміру входять живі організми, які дихають, можуть рухатися, мають тіло і душу. Це тварини: леви, корови, вівці, а також птахи, риби і комахи. Собаки пізнають свого господаря і гавкають на незнайомців, тому що мають душу.

До третього виміру належить все, що дихає, рухається, має душу і дух, які знаходяться у їхньому видимому тілі. Це людина, яка створена панувати над усім творінням. На відміну від тварин люди мають дух. Вони здатні міркувати і шукати Бога, вони можуть повірити в Бога.

Також існує четвертий рівень, невидимий для наших очей. Це духовний вимір. До духовного виміру належить Бог, Котрий є дух, небесне воїнство і ангели, а також херувими.

Вищі виміри підкоряють нижчі і керують ними

Істоти другого виміру можуть підкоряти і управляти істотами першого або нижчого вимірів. Істоти третього виміру можуть підкорювати і управляти істотами другого і нижчого вимірів. Істоти нижчих вимірів не здатні зрозуміти виміри, які вищі за них. Живі форми першого виміру не можуть зрозуміти живі форми другого і третього вимірів. Наприклад, припустимо хтось посіяв зерно у ґрунт, поливав його і дбав про нього. Зерно, пустивши паростки, виростає у дерево і дає плоди. Зерно не розуміє, що для нього зробила людина. Навіть коли люди топчуть черв'яків і ті гинуть, вони не розуміють, чому так відбувається. Вищі виміри можуть підкорювати істоти нижчих вимірів і управляти ними, але взагалі нижчі виміри не мають іншого вибору окрім того, щоби ними керували вищі виміри.

Подібно до цього, люди, які є істотами третього виміру, не розуміють духовного царства, чотиривимірного світу. Тому люди тіла насправді не можуть нічого зробити щодо підкорення і управління демонами. Але якщо ми позбудемося тілесного і станемо людьми духу, ми можемо увійти у чотиривимірний світ. Отже ми можемо підкорити злих духів і отримати над ними перемогу.

Бог, Котрий є дух, бажає, щоби Його діти розуміли чотиривимірний світ. Так ми можемо зрозуміти Божу волю, коритися Йому і здобути життя. У Книзі Буття 1 перед тим, як Адам їв з дерева знання добра і зла, він управляв всіма живими істотами, і вони підкорялися йому. Був час, коли Адам був живим духом і належав четвертому виміру. Але після гріхопадіння його дух помер. Не лише Адам, але також всі його нащадки належать до третього виміру. Тож давайте подивимось, як люди, які були створені Богом, опустилися до третього виміру, і як вони можуть повернутися до чотиривимірного світу!

Розділ 2

Створення

Бог-Творець склав дивовижний план зрощення людства. Він розділив Божий простір на фізичний і духовний, створив небо і землю, а також все, що на них.

1. Таємниче відділення просторів

2. Фізичний і духовний простір

3. Люди, які мають дух, душу і тіло

Від початку віків Бог існував один у всесвіті. Він існував як Світло і управляв усім, рухаючись безкраїми просторами всесвіту. У 1 Посланні Івана 1:5 написано, що Бог є Світло. Передусім це стосується духовного світла, але також стосується Бога, Котрий існував як Світло на початку.

Ніхто не народжував Бога. Він – бездоганна істота, яка існує Сама по собі. Отже ми не повинні намагатися зрозуміти Його своїми обмеженими силами і знаннями. В Євангелії від Івана 1:1 написано про таємницю «початку»: «Споконвіку було Слово». Тут дається пояснення щодо форми Бога, яке мало Слово у таємничому і найпрекраснішому світлі, що управляло світовими просторами.

Тут слово «споконвіку» означає певний момент до вічності, момент, котрий людина не може уявити. Це було навіть до «початку», про який написано у Книзі Буття 1:1, де описується початок створіння. Отже, що відбулося до створення світу?

1. Таємниче відділення просторів

Духовний світ знаходиться не надто далеко. Існують брами, які сполучають цей світ з духовним царством у різних частинах видимого неба.

Пройшло дуже багато часу, і Бог захотів мати когось, з ким би Він міг поділитися Своєю любов'ю та іншим. Бог має божественну і людську природу, і тому Він бажає поділитися з кимось всім, що має, а не насолоджуватися наодинці. Думаючи так, Він створив план зрощення людства. То був план створення людини, її благословення для розмноження, отримання незчисленної кількості душ, які схожі на Бога, щоби потім зібрати людей у Небесному Царстві. Так само, як господарі вирощують урожай, збирають його, а потім складають його у комору.

Бог знав, що необхідно мати духовний простір, де Він житиме, і фізичний простір, де відбуватиметься зрощення людства. Він розділив безкраїй всесвіт на духовне і фізичне царство. Відтоді Бог став Богом-Трійцею: Богом-Отцем, Богом-Сином і Богом-Святим Духом. Тому що для зрощення людства, яке мало відбутися у майбутньому, необхідні були Спаситель Ісус і Помічник Святий Дух.

У Книзі Об'явлення 22:13 написано: «Я Альфа й Омега, Перший і Останній, Початок і Кінець». Тут написано про Бога-Трійцю. «Альфа й Омега» означає Бога-Отця, Котрий є початком і кінцем всього знання і цивілізації людства. «Перший і Останній» означає Бога-Сина, Ісуса, Котрий є першим і останнім для спасіння людства. «Початок і Кінець» означає Святого Духа, котрий є початком і кінцем для зрощення людства.

Син-Ісус виконує функцію Спасителя. Святий Дух свідчить про Спасителя як Помічник і завершує спасіння людства. В Біблії про Святий Дух говориться по-різному, порівнюючи його з голубом або вогнем, а також він описується як «Дух Божого Сина». У Посланні до галатів 4:6 написано: «А що ви сини, Бог послав у ваші серця Духа Сина Свого, що викликує: Авва, Отче!» Також в Євангелії від Івана 15:26 написано: «А коли Втішитель прибуде, що Його від Отця Я пошлю вам, Той Дух правди, що походить від Отця, Він засвідчить про Мене».

Бог-Отець, Син і Святий Дух прийняли особливі форми, щоби виконати план зрощення людства і разом обсудили всі плани. Це зображено у тексті про створення у Книзі Буття 1.

Якщо у Книзі Буття 1:26 написано: «І сказав Бог: Створімо людину за образом Нашим, за подобою Нашою», це не означає, що люди створені зовні схожими на образ Бога-Отця, Сина і Святого Духа. Це означає, що дух, котрий лежить в основі людини, даний Богом, і цей дух схожий на святого Бога.

Фізичне і духовне царство

Коли Бог був один, Йому не треба було розрізняти між фізичним і духовним царством. Але для зрощення людства необхідно було фізичне царство, де б жили люди. Тому Він відділив фізичне царство від духовного.

Але такий поділ не означає, що відбувся поділ на два абсолютно окремих простори, ніби щось було розрізане навпіл. Наприклад, припустимо, в кімнаті існують два різні гази. Додамо деякі хімічні речовини, забарвивши один газ червоним, і таким чином його можна відрізнити від іншого газу. Хоча у кімнаті два гази, наше око може бачити лише той, який має червоний колір. Незважаючи на те, що інший газ невидимий, він напевно також знаходиться там.

Так само Бог розділив безкраїй духовний простір на видиме фізичне і духовне царство. Звичайно, фізичне і духовне царство не існують так само, як два види газів у прикладі. Вони відокремлені, але частково збігаються. Але незважаючи на це, вони також відокремлені одне від одного.

На доказ того, що духовне і фізичне царство існують окремо одне від одного таємничим чином, Бог поставив брами на виході у духовне царство у різних місцях всесвіту. Духовне царство знаходиться не десь далеко. Брами до духовного царства існують у багатьох місцях видимого неба. Якби Богові довелося відкрити наші духовні очі у певних випадках ми би могли бачити духовне царство через ті брами.

Степан був сповнений Духу і бачив Ісуса, Котрий стояв по праву руку від Бога, тому що обидва його духовні ока і брами духовного царства були відкриті (Книга Дії 7:55-56).

Ілля був взятий на небо живим. Воскреслий Господь Ісус піднявся на небеса. Мойсей та Ілля явилися на горі Преображення. Ми зрозуміємо, що ці події дійсно відбулися, якщо визнаємо той факт, що існують брами до духовного царства.

Всесвіт надзвичайно великий і безмежний. Частина, яка є видимою із Землі (видимий всесвіт) являє собою сферу радіусом близько 46 мільйонів світових років. Якщо духовне царство існує за кордоном фізичного всесвіту, навіть за допомогою надшвидкого космічного корабля знадобиться практично нескінченний період часу, щоби дістатися до духовної сфери. Також чи можете ви уявити собі відстань, яку анголи мали б подолати, щоби переміщатися між духовним царством і фізичним світом? Однак з існуванням цих брам на межі з духовним царством, яке може бути відкритим і закритим, люди можуть переміщатися з духовного царства у фізичне і навпаки так само легко, як через двері.

Бог створив четверо небес

Після того, як Бог розділив всесвіт на духовне і фізичне царство, Він поділив їх на різні небеса відповідно до потреб. В Біблії згадується про те, що існують не лише одні небеса, але багато небес. Насправді це говорить нам про те, що існують багато інших небес окрім тих, які ми бачимо фізичними очима.

У Книзі Повторення Закону 10:14 написано: «Тож належить ГОСПОДЕВІ, Богу твоєму, небо, і небо небес, земля й усе, що на ній». А у Псалмі 67:33,34 написано: «Царства землі, співайте Богові, виспівуйте Господа, Села, що їздить в відвічному небі небес. Ось Він загримить Своїм голосом, голосом сильним». А цар Соломон у 1 Книзі Царів 8:27 сказав: «Бо чи ж справді Бог сидить на землі? Ось небо та небо небес не обіймають Тебе, що ж тоді храм той, що я збудував?»

Бог використав слово «небеса» для визначення духовного царства, щоби ми могли легше зрозуміти простори, які належать духовному царству. «Небеса» взагалі поділяються на чотири неба. Весь фізичний космос, до якого входять Земля, сонячна система, наша галактика а також весь всесвіт належать до першого неба.

Починаючи від другого неба розташовані духовні царства. Еденський рай і простір для злих духів розташовані на другому небі. Після створення людини Бог також створив еденський рай, край світла на другому небі. Бог поселив людину в еденському раю, щоб порала вона його і доглядала (Книга Буття 2:15).

Престол Божий знаходиться на третьому небі. Це

Небесне Царство, де житимуть Божі діти, які отримали спасіння внаслідок зрощення людства.

Четверте небо – це першоджерельне небо, де перебував Бог як Світло, перед тим, як Він поділив простір. Це незбагненний простір, де все задумане відбувається за волею Бога. Цей простір існує поза межами часу і простору.

2. Фізичний і духовний простір

Чому так багато біблійних вчених намагалися, але так і не знайшли еденський рай? Це тому що еденський рай розташований на другому небі, у духовному царстві.

Простір, який відділив Бог, можна поділити на фізичний і духовний. Для Своїх дітей, яких Бог отримає внаслідок зрощення людства, Бог створив Небесне Царство на третьому небі, а Землю помістив на першому небі, щоби вона була сценою для зрощення людства.

У 1 главі Книги Буття коротко записаний процес шестиденного Божого творіння. Бог не створив від початку завершену і бездоганну Землю. Спочатку Він поклав основу для суші і неба завдяки переміщенню земної кори і багатьох атмосферних явищ. Бог витратив багато зусиль протягом довгого періоду часу, інколи навіть спускаючись на Землю особисто, щоби побачити, що відбувається, тому що Земля була саме тим ґрунтом, на якому Бог мав зростити Своїх улюблених справжніх дітей.

Ембріони зростали у безпеці амніотичної рідини у матці. Так само, після того, як Земля була сформована і було покладено основу, вся Земля вкрилася величезною кількістю води, і та вода була водою життя, що походить з третього неба. Зрештою Земля була готова як ґрунт для всього, що мало на ній жити, бо вона вкрилася водою життя. Тоді Бог почав створення.

Фізичний простір, ґрунт для зрощення людства

Коли Бог промовив: «Хай станеться світло» у перший день створіння, було духовне світло, яке виходило з Божого престолу і вкривало Землю. Цим світлом вічна сила Бога і божественна природа закарбувалася в усьому, і все регулювалося законами природи (Послання до римлян 1:20).

Бог відділив світло від темряви і назвав світло «днем», а темряву «ніччю». Бог створив закон про день, ніч і плин часу ще навіть до створення сонця і місяця.

На другий день Бог створив твердь і відділив воду, що під твердю, і воду, що над твердю. Бог назвав твердь небом, яке ми можемо бачити. Отже було створено основне середовище, яке могло підтримувати все живе на землі. Повітря було створене, щоби все живе могло дихати; були створені хмари і небо, де могли відбуватися атмосферні явища.

Води, що під твердю, -- це вода, яка знаходиться на поверхні Землі. Ця вода стала океанами, морями, озерами і річками (Книга Буття 1:9-10).

Вода, що над твердю, була збережена для Едему, що на другому небі. У третій день Бог наказав, щоби вода з-попід неба зібралася до місця одного, і щоби суходіл став видний. Також Він створив траву і овочі.

У четвертий день Бог створив сонце, місяць, зорі, щоби вони керували днем та ніччю. У п'ятий день Він створив риб і птахів. Зрештою, у шостий день Бог створив всіх тварин і людей.

Невидимий духовний простір

Еденський рай – це духовне царство другого неба, але воно відрізняється від духовного царства третього неба. Це не повністю духовне царство, оскільки воно співіснує з фізичним виміром. Простіше кажучи, це ніби перехідна платформа між тілом і духом. Після того, як Бог створив людину як живий дух, Він насадив рай в Едені на сході, і там осадив людину (Книга Буття 2:8).

Тут слово «схід» не означає схід фізично. Воно має значення: «територія, що оточена світлом». Досі багато біблійних учених вважали, що еденський рай був розташований десь біля річок Тигр і Ефрат. Вони провели велике наукове дослідження, зробили багато археологічних пошуків, але так і не змогли знайти жодних слідів еденського раю. Справа у тому, що еденський рай, де колись жив «живий дух» Адам, знаходиться на другому небі, у духовному царстві.

Еденський рай – це безкраїй простір, який неможливо уявити. Діти, яких народив Адам до свого гріхопадіння, досі живуть там, постійно народжуючи своїх дітей. Еденський рай не має меж у просторі, отже ніколи не переповниться навіть через великий період часу.

Але у Книзі Буття 3:24 ми читаємо про те, що Бог поставив Херувима і меча полум'яного, який обертався навколо, на схід від еденського раю.

Це тому що схід раю сусідній з областю темряви. Злі духи завжди бажали потрапити до раю з декількох причин. По-перше, вони хотіли спокусити Адама, а по-друге вони хотіли дістати плід дерева життя. Вони бажали мати вічне життя, з'ївши плід і назавжди чинити опір Богові. Адам був зобов'язаний захищати еденський рай від сил темряви. Але оскільки сатана спокусив Адама їсти з дерева знання добра і зла, чоловіка було вигнано на цю землю, а його обов'язок перейшов до Херувима і полум'яного меча.

Ми можемо зробити висновок, що область світла, де знаходився еденський рай, і область темряви, де перебувають злі духи, співіснують у другому небі. Крім того, в області світла у другому небі є місце, де віруючі матимуть семирічний весільний обід з Господом після Його Другого пришестя. Це місце набагато прекрасніше за еденський рай. Всі люди, які отримали спасіння від створення світу братимуть у ньому участь, тож ви можете уявити собі, якою безмежною є та територія.

У духовному царстві існують також третє і четверте небо. Детальніше ми поговоримо про них у другій книзі «Дух, душа і тіло». Бог розділив фізичний і духовний простір, а також розподілив їх на багато різних просторів, зрештою, для людей. Це було зроблено відповідно до плану зрощення людства, щоби отримати істинних дітей. Отже із чого і як складена людина?

3. Люди, які мають дух, душу і тіло

Історія людства, яка записана в Біблії, розпочалася тоді, коли Адам був вигнаний жити на цю землю через свій гріх. У цій історії не згадується про час, коли Адам жив в еденському раю.

1) Адам – живий дух

Зрозуміти першого чоловіка, Адама, означає почати розуміти основні принципи людини. Бог створив Адама живим духом для зрощення людства. У Книзі Буття

2:7 розповідається про створення Адама: «І створив ГОСПОДЬ Бог людину з пороху земного. І дихання життя вдихнув у ніздрі її, і стала людина живою душею».

Бог використав для створення Адама земний порох. Тому що людина повинна була порати землю, з якої взята була (Книга Буття 3:23).

Також земля, яка є земним порохом, мала змінитися за своїм складом мікроелементів.

Бог зробив із пороху земного не лише форму людини, але й внутрішні органи, кістки, кровоносні судини і нерви. Відмінний гончар виготовив коштовний порцеляновий посуд із жмені гарної глини. Оскільки Бог створив людину за власним образом, тоді якою ж прекрасною мала бути людина!

Адамова шкіра була молочно-білою. Він мав міцну статуру, його тіло було бездоганним від голови до п'ят. Такими ж були його органи і кожна клітина його тіла. Він був прекрасний. Коли Бог вдихнув дихання життя в Адама, він став живою душею. Цей процесс подібний до колби електричної лампи, яка не може давати світло сама по собі. Вона може світитися лише при наявності електричної напруги. Серце Адама почало битися, почала циркулювати кров, всі його органи і клітини почали працювати лише після того, як він отримав дихання життя від Бога. Мозок почав працювати, очі почали бачити, вуха – чути, і все його тіло почало рухатися за його бажанням лише після того, як він отримав дихання життя.

Дихання життя – це кристал Божої сили. Його також можна назвати енергією Бога. По суті це є джерелом сили для продовження життя. Після того, як Адам вдихнув в Адама дихання життя, Адама отримав дух, котрий виглядав так само, як його тіло. Саме як Адам мав форму фізичного тіла, його дух також набув форми, яка виглядала так само, як його тіло. У Книзі 2 ми детальніше поговоримо про форму духу.

Тіло Адама, котрий тепер став живим духом, складалося з нетлінного тіла: плоті і кісток. У тілі тримався дух, котрий спілкувався з Богом, а також душа, котра допомагала духові. Душа і тіло корилися духу. Таким чином, Адам дотримувався Божого Слова і спілкувався з Богом, Котрий є дух.

Коли Адам був створений, він мав тіло дорослої людини, але зовсім не мав знання. Саме як дитина може мати певний характер і відігравати продуктивну роль у суспільстві лише маючи освіту, він також повинен був мати належні знання. Отже, після того, як Бог оселив Адама в еденському раї, Він дав Адамові знання істини і духу. Бог навчив його гармонії всього у всесвіті, законам духовного царства, Слову істини, а також безмежним знанням Бога. Тому Адам міг підкорити землю і управляти всім.

Жити протягом періоду часу, який неможливо виміряти

Адам, живий дух, управляв еденським раєм і землею як пан всього створіння, маючи знання мудрості духу.

Бог подумав, що недобре буду Адамові наодинці. Тож із одного із ребер Адама Він створив жінку, Єву. Бог зробив її помічницею і дозволив їм стати однією плоттю. Тепер виникає питання: «Як довго вони жили в еденському раю?»

В Біблії не говориться про якийсь певний період часу, але можна сказати, що люди жили там неймовірний період часу. Але у Книзі Буття 3:16 написано: «До жінки [Бог] промовив: Помножуючи, помножу терпіння твої та болі вагітности твоєї. Ти в муках родитимеш діти, і до мужа твого пожадання твоє, а він буде панувати над тобою».

В результаті гріха, який вчинила Єва, вона отримала прокляття – біль, що збільшуватиметься, під час народження дітей. Інакше кажучи, до прокляття вона народжувала дітей в еденському раї, але при цьому відчувала не сильний біль. Адам і Єва були живими духами, котрі не повинні були старіти. Тож вони жили довго і розмножувалися.

Багато людей вважають, що Адам їв з дерева знання добра і зла невдовзі після свого створення. Дехто навіть запитує наступне: «Оскільки історії людства, що записана в Біблії, лише приблизно 6 000 років, тоді яким чином ми знаходимо скам'янілості, котрим сотні тисяч років?»

Історія людства, записана в Біблії, розпочалася з часу, коли Адама було вигнано у цю землю після гріхопадіння. Сюди не входить час, коли він жив в еденському раї. Коли Адам жив в еденскому раї, на землі відбувалися різноманітні процеси: рухи земної кори та інші пов'язані з цим географічні зміни, а також ріст і вимирання різноманітних живих організмів. Деякі з них перетворилися на камінь. Тому ми знаходимо скам'янілості, котрим, як вважається, декілька мільйонів років.

2) Адам зогрішив

Коли Бог оселив Адама в еденському раї, Він заборонив лише одне: їсти з дерева знання добра і зла. Але з часом Адам і Єва їли з того дерева. Їх було вигнано з еденського раю. З того моменту розпочалося зрощення людства.

Яким чином Адам зогрішив? Була істота, яка бажала отримати велику владу, яку Адам мав від Бога. То був Люципер, голова всіх лихих духів. Люципер вважав, що він мав отримати владу від Адама, щоби повстати проти Бога і здобути перемогу. Він розробив детальний план і використав хитрого змія.

Як написано у Книзі Буття 3:1: «Але змій був хитріший над усю польову звірину, яку ГОСПОДЬ Бог учинив», змій був створений із глини і був хитрим.

Через це він мав більшу можливість бути хитрим, ніж інші тварини. Його спровокували злі духи, і змій став їхнім знаряддям для спокушення людини.

Злі духи завжди спокушують людей

У той час Адам мав настільки велику владу, що управляв еденським раєм і землею, тож змію було нелегко безпосередньо спокусити Адама. Тому він обрав спокусити спочатку Єву. Змій підступно запитав її: «Чи Бог наказав: Не їжте з усякого дерева раю?» (в. 1). Бог не давав Єві жодних наказів. Він давав наказ лише Адаму. Але змій запитав так, ніби Бог дав наказ безпосередньо Єві. Відповідь Єви була такою: «З плодів дерева раю ми можемо їсти, але з плодів дерева, що в середині раю, Бог сказав: Не їжте із нього, і не доторкайтесь до нього, щоб вам не померти» (Книга Буття 3:2-3).

Бог сказав: «…бо в день їди твоєї від нього ти напевно помреш!» (Книга Буття 2:17). Але Єва сказала: «щоб вам не померти». Ви можете сказати, що різниця дуже незначна у відповіді, але це доводить, що Єва не дотримувалася правильно Божого слова у своєму розумінні. Своїми словами вона підтвердила, що до кінця не вірила Божому Слову. Коли змій побачив, що Єва змінила Боже Слово, він почав спокушати її настирливіше.

У Книзі Буття 3:4-5 написано: «І сказав змій до жінки: Умерти не вмрете! Бо відає Бог, що дня того, коли будете з нього ви їсти, ваші очі розкриються, і станете ви, немов Боги, знаючи добро й зло».

Сатана намовив змія збудити у розумі Єви бажання, і дерево знання добра і зла здалося не таким для неї, бо записано: «І побачила жінка, що дерево добре на їжу, і принадне для очей, і пожадане дерево, щоб набути знання» (в. 6).

Єва ніколи не мала наміру протидіяти Божому Слову, але, відчувши у собі бажання, вона зрештою їла з дерева. Вона дала плід своєму чоловікові Адаму, і він також їв.

Виправдання Адама і Єви

У Книзі Буття 3:11 Бог запитав Адама: «Чи ти не їв з того дерева, що Я звелів був тобі, щоб ти з нього не їв?»

Бог знав ситуацію, але Він хотів, щоби Адам визнав свою помилку і покаявся. Але Адам відповів: «Жінка, що дав Ти її, щоб зо мною була, вона подала мені з того дерева, і я їв» (в. 12). Адам натякнув на те, що якби Бог не дав йому ту жінку, він би не вчинив такого. Замість того, щоби визнати провину, він лише хотів уникнути наслідків ситуації, що склалася. Звичайно, саме Єва дала Адамові їсти плід. Але Адам був головою для жінки, отже на ньому лежала відповідальність за все, що відбулося.

Тепер у Книзі Буття 3:13 Бог попросив жінку: «Що це ти наробила?» Навіть якщо Адам мав взяти на себе відповідальність, Єва не могла бути звільнена від гріха, який вчинила. Але вона також звинуватила змія, промовивши: «Змій спокусив мене, і я їла». Що сталося з Адамом і Євою, котрі згрішили?

Дух Адама помер

У Книзі Буття 2:17 написано: «Але з дерева знання добра й зла не їж від нього, бо в день їди твоєї від нього ти напевно помреш!»

Тут під «смертю» Бог мав на увазі не фізичну, але духовну смерть. Коли помирає дух, це не означає, що дух повністю зникає. Це означає, що спілкування з Богом перервалося і вже не може функціонувати. Дух як і раніше існує, але не може підживлюватися від Бога. Це можна порівняти з повною смертю.

Оскільки дух Адама і Єви помер, Бог не міг їм дозволити залишитися в еденському раї, котрий знаходився у духовному царстві. У Книзі Буття 3:22-23 написано: «І сказав ГОСПОДЬ Бог: Ось став чоловік, немов один із Нас, щоб знати добро й зло. А тепер коли б не простяг він своєї руки, і не взяв з дерева життя, і щоб він не з'їв, і не жив повік віку. І вислав його ГОСПОДЬ Бог із еденського раю, щоб порати землю, з якої узятий він був».

Бог сказав: «Ось став чоловік, немов один із Нас», але це не означає, що Адам насправді став, як Бог. Це означає, що Адам знав лише про істину, але саме як Бог знає істину і неправду, Адам також дізнався про неправду. В результаті Адам, котрий колись був живим духом, мав тепер повернутися у тіло. Він мав померти. Він повинен був повернутися у землю, з якої він був створений Богом.

Людина тіла не може жити у духовному просторі. Крім того, якби Адам з'їв з дерева життя, він би жив вічно. Тому Бог не міг дозволити йому довше залишатися в еденському раї.

3) Повернення у фізичний простір

Після того, як Адам не послухався Бога і їв з дерева добра і зла, все змінилося. Його було вигнано на землю, у фізичний простір, і він міг збирати врожай лише важко працюючи. Все інше також було прокляте, і гарне середовище, створене Богом, також перестало існувати.

У Книзі Буття 3:17 написано: «І до Адама сказав Він: За те, що ти послухав голосу жінки своєї та їв з того дерева, що Я наказав був тобі, говорячи: Від нього не їж, проклята через тебе земля! Ти в скорботі будеш їсти від неї всі дні свойого життя».

З цього вірша ми бачимо, що через гріх Адама не лише він сам, але все на цій землі, а саме перше небо отримало прокляття. Все на цій землі перебувало у прекрасній гармонії, але встановився інший порядок фізичного закону. Через прокляття з'явилися бактерії і віруси, тварини і рослини також почали змінюватися.

У Книзі Буття 3:18 Бог продовжував говорити Адамові: «Тернину й осот вона буде родити тобі, і ти будеш їсти траву польову». Сільськогосподарські культури не можуть рости без тернини і будяків, тож Адам міг їсти врожай, який давала земля, важко працюючи. Оскільки земля була проклята, на ній почали зростати непотрібні дерева і рослини. З'явилися також шкідливі комахи. Адамові треба було видалити шкідливі рослини, щоби обробляти землю і зробити її родючою.

Потреба в обробці серця

Так само, як Адамові необхідно було порати землю, людині треба пройти обробку на цій землі. Перед тим, як людина згрішила, вона мала чисте і безгрішне серце, яке мало лише знання духу. У Книзі Буття 3:23 написано: «І вислав його ГОСПОДЬ Бог із еденського раю, щоб порати землю, з якої узятий він був». У цьому вірші Адам, створений із пороху земного, уподібнюється до землі, з якої його було взято. Це означає, що тепер він повинен був порати своє серце.

До свого гріхопадіння Адамові не треба було зрощувати своє серце, бо у ньому не було зла.

Але після своєї непокори ворог, сатана і диявол, почав управляти людиною. Він насадив неймовірно багато тілесного у серці людини: ненависть, гнів, гордовитість, перелюб та інше. Все це почало зростати наче колючки і будяки у серці людини. Людство надто забруднилося в усьому тілесному.

Слова «порати землю, з якої взятий він був» означають те, що ми повинні прийняти Ісуса Христа. Ми повинні використовувати Боже Слово для того, щоби позбуватися тілесного, яке виросло у нашому серці, а також повернути собі духовну форму. Інакше кажучи, це означає, що ми маємо «мертвий дух», не можемо і не зможемо насолоджуватися вічним життям, маючи мертвий дух. Люди зрощуються на цій землі для того, щоби виховати їхнє тілесне серце, і щоби воно стало чистим і духовним. Саме таке серце мав Адам до свого гріхопадіння.

Вигнання Адама з еденського раю для життя у цій землі було драматичною зміною. Це болючіше, ніж коли принц великої країни страждатиме, якщо раптом стане селянином. Єва тепер також мала страждати від більшого болю при народженні дітей.

В еденському раї не було смерті. Але тепер, живучи у фізичному світі, котрий гине і гниє, люди побачили смерть. У Книзі Буття 3:19 написано: «У поті свойого лиця ти їстимеш хліб, аж поки не вернешся в землю, бо з неї ти взятий. Бо ти порох, і до пороху вернешся». Як написано, вони мали померти.

Звичайно, Адам отримав дух від Бога, і він ніколи не міг повністю згаснути. У Книзі Буття 2:7 написано: «І створив Господь Бог людину з пороху земного. І дихання життя вдихнув у ніздрі її, і стала людина живою душею». Дихання життя має вічну характеристику Бога.

Але дух Адама перестав діяти. Отже душа взяла на себе

функції господаря людини і почала управляти тілом. Відтоді Адам почав старіти і зрештою помер відповідно до закону фізичного світу. Він мав повернутися у землю.

У той час, незважаючи на те, що земля була проклята, гріхи і зло не були настільки поширеними, як тепер, і Адам прожив 930 років (Книга Буття 5:5).

Але з часом люди стали більш лихими. В результаті тривалість їхнього життя скоротилася. Після того, як Адам і Єва прийшли на цю землю з еденського раю, вони мали пристосуватися до нового середовища. Передусім, вони повинні були жити як люди тіла, а не як живий дух. Вони втомлювалися після роботи, так що мали відпочивати. Вони почали хворіти. Їхня травна система змінилася, оскільки їжа стала іншою. Після прийому їжі вони повинні були виконувати певні рухи. Все змінилося. Непокора Адама аж ніяк не була чимось маленьким. Це означає, що гріх увійшов у життя всього людства. Адам і Єва, а також всі їхні нащадки на землі розпочали своє фізичне життя маючи мертвий дух.

Розділ 3

Люди у фізичному просторі

Тіло – це натура, яка поєднується з гріхом,
і тому людина придатна до гріхів у фізичному просторі.
Однак, у серці людей знаходиться зерно життя, дане
їм Богом,
а також із зерном життя може здійснюватися зрощення
людства.

1. Зерно життя

2. Як з'явилася людина

3. Совість

4. Діла тіла

5. Зрощення

Адам і Єва народили багато дітей на цій землі. Незважаючи на те, що їхній дух був мертвий, Бог не залишив їх. Він навчив їх тому, що є необхідним для їхнього життя на землі. Адам навчив своїх дітей цій істині, тому Каїн і Авель добре знали, як їм треба було приносити жертви Богові.

Згодом Каїн приніс Богові підношення із плодів землі, а Авель приніс Богові жертву крові, котру бажав бачити Бог. Коли Бог прийняв лише жертву Авеля, замість того, щоби визнати свою провину і покаятися, Каїн так сильно позаздрив Авелеві, що фактично вбив його.

З часом гріх поширився значно більше доки у часи Ноя земля не наповнилася жорстокістю, що Бог кінець кінцем покарав весь світ потопом. Але Бог дозволив, щоби Ной і троє його синів зачали абсолютно нових людей. Отже, що сталося з людством, яке з'явилося на цій землі?

1. Зерно життя

Після того, як Адам зогрішив, його спілкування з Богом перервалося. Він втратив свою духовну енергію, здобув тілесну енергію, яка прикрила зерно життя у ньому.

Бог створив Адама із пороху земного. У перекладі з давньоєврейської мови його ім'я означає «ґрунт» або «земля». Бог зробив форму людини із глини і вдихнув у його ніздрі дихання життя. У Книзі Пророка Ісаї також написано, що людина була створена із глини.

У Книзі Пророка Ісаї 64:8 написано: «Тепер же, о ГОСПОДИ, Ти -- наш Отець, ми глина, а Ти наш ганчар, і ми всі -- чин Твоєї руки!»

Недовго після того, як я заснував церкву, Бог явив мені видіння як Він робить Адама із глини. Бог змішав ґрунт із водою і отримав глину. Тут вода означає Боже Слово (Євангеліє від Івана 4:14). Коли ґрунт поєднався з водою і Бог вдихнув дихання життя, кров, що є життя, почала циркулювати у тілі, і воно стало живою істотою (Книга Левит 17:14).

Дихання життя має у собі силу Бога. Оскільки його дав Бог, воно ніколи не згасне. В Біблії не просто написано, що Адам став людиною. Написано, що він став живою істотою. Тобто він був живим духом. Він міг жити вічно з диханням життя незважаючи на те, що він був створений із пороху земного. Отже ми можемо зрозуміти значення вірша із Євангелія від Івана 10:34-35, де написано: «Відповів їм Ісус: Хіба не написано в вашім Законі: Я СКАЗАВ: ВИ БОГИ? Коли тих Він богами назвав, що до них слово Боже було, а Писання не може порушене бути».

За створінням, на початку чоловік міг жити вічно, не бачачи фізичної смерті. Незважаючи на те, що дух Адама був мертвий, внаслідок його непокори, у серцевині він мав зерно життя, дане йому Богом. Воно вічне, і завдяки йому кожна людина може народитися знову як Божа дитина.

Зерно життя було дане кожному

Коли Бог створив Адама, Він посадив у ньому невгасиме зерно життя. Зерно життя – це перше зерно, яке Бог посадив у серці Адама, і воно є серцевиною його духу. Це є походження духу, джерело сили, щоби споглядати на Бога і виконувати обов'язок людини.

На шостому місяці вагітності Бог дає зародкові зерно життя і дух. У цьому зерні життя – сутність і сила Бога, так що людина може спілкуватися з Богом. Більшість людей, які не визнають існування Бога, досі мають страх або тяжкі передчуття щодо життя після смерті, або не можуть насправді зректися Бога у глибині душі, тому що мають зерно життя у своєму серці.

Піраміди та інші залишки містять у собі уявлення людей про вічне життя, а також сподівання щодо місця вічного відпочинку. Навіть найсміливіші люди досі бояться смерті тому що зерно життя, яке існує в них, упізнає життя, яке має бути після смерті.

Кожен має зерно життя, яке дав Бог, і шукає Бога по своїй природі (Екклезіяст 3:11). Зерно життя діє наче серце людини, і тому воно безпосередньо пов'язане з духовним життям. Кров циркулює для того, щоби живити тіло киснем і поживними речовинами завдяки роботі серця. Так само якщо зерно життя активується у людині, його дух також збудиться і людина зможе спілкуватися з Богом. І навпаки, якщо його дух мертвий, зерно життя не активне, і людина не може спілкуватися безпосередньо з Богом.

Зерно життя – це ядро духу

Адам був сповнений знаннями істини, які дав йому Бог. Зерно життя було цілком активним у ньому. Він був сповнений духовної енергії. Він став таким мудрим, що міг дати назви всьому живому, що є на землі, і бути паном всього створіння, пануючи над ними. Але після свого гріхопадіння його спілкування з Богом перервалося. Духовна енергія Адама також почала зникати. Його духовна енергія змінилася тілесною енергією у його серці, і тілесна енергія також покрила зерно життя. Відтоді зерно життя поступово втратило своє світло і зрештою стало абсолютно недієвим.

Саме як завершується життя людини, коли перестає битися її серце, дух Адама також помер, бо зерно життя стало недієвим. Смерть духу людини означає, що її зерно життя повністю припинило свою дію, таким чином зерно стало мертвим. Отже кожен у фізичному просторі народжується маючи зерно життя, яке повністю недієве.

Люди не могли уникнути смерті від моменту гріхопадіння Адама. Для того, щоби знову отримати вічне життя, вони мали вирішити проблему гріха за допомогою Бога, Котрий є Світло. Тобто, вони мають прийняти Ісуса Христа і отримати прощення гріхів. Щоби відновити наш дух, Ісус помер на хресті, взявши на Себе гріхи всього людства. Він став шляхом, істиною і життям, завдяки якому люди можуть здобути вічне життя. Коли ми приймаємо Ісуса як нашого особистого Спасителя, ми можемо отримати прощення гріхів і стати Божими дітьми, отримавши Святого Духа.

Святий Дух активізує зерно життя в нас. Це є відродженням мертвого духу в нас. З цього моменту зерно життя, яке втратило своє світло, знову починає сяяти. Звичайно, воно не може сяяти так само, як в Адамі, але інтенсивність світла стає сильнішою коли міра віри людини збільшується, а її дух зростає і доходить зрілості.

Чим більше зерно життя наповнене Святим Духом, тим сильніше світло воно випромінює, тим сильнішим є світло від духовного тіла. В залежності від того, як людина наповнює себе знанням істини, вона може повернути собі втрачений образ Бога і стати справжньою дитиною Бога.

Фізичне зерно життя

Окрім духовного зерна життя, яке є ядром духу, існує також фізичне зерно життя. Це схоже на сперматозоїд і яйцеклітину. Бог створив план зрощення людства, щоби отримати істинних дітей, з якими Він міг поділитися істинною любов'ю. Щоби виконати цей план, Він дав людям зерно життя, щоби вони могли розмножуватися і наповняти землю. Духовний простір, де живе Бог, безмежний, і він був би дуже самотнім і безлюдним, якби нікого не було поряд. Тому Бог створив Адама як живого духа і дозволив йому розмножуватися покоління за поколінням, щоби Бог міг отримати багато дітей.

Бог бажає мати таку дитину, чий мертвий дух відновився, хто може спілкуватися з Богом і хто зможе вічно ділитися з Ним своєю любов'ю вічно у Небесному Царстві. Щоби отримати справжніх дітей, Бог дає всім таке зерно життя, і Він проводив зрощення людства з часів Адама. Давид зрозумів цю любов і Божий план, і промовив: «Прославляю Тебе, що я дивно утворений! Дивні діла Твої, і душа моя відає вельми про це!» (Псалом 138:14).

2. Як з'явилася людина

Людина не може бути клонована із клітин іншої людини. Навіть якщо комусь вдасться зробити зовнішню копію людини, це не буде людиною, тому що вона не матиме духу. Клонована істота нічим не відрізнятиметься від тварини.

Нове життя зароджується у момент поєднання сперматозоїда чоловіка з яйцеклітиною жінки. Для повного розвитку тіла людини плід залишається у матці жінки протягом дев'яти місяців. Ми можемо відчути незбагненну силу Бога, коли розглянемо процес росту дитини від зачаття до народження.

На першому місяці розвивається нервова система. Основна робота завершена, тепер можуть формуватися кров, кістки, м'язи, кровоносні судини і внутрішні органи. На другому місяці починає битися серце, і зародок зовні стає схожим на людину. Вже можна розгледіти голову і кінцівки. На третьому місяці формується обличчя. Плід самостійно може рухати головою, тілом і кінцівками. Також розвиваються статеві органи.

Починаючи з четвертого місяця завершується формування плаценти, отже постачання поживних речовин посилюється, розмір і вага плоду швидко збільшуються. Всі органи, котрі підтримують тіло і життя, функціонують нормально. М'язи розвиваються починаючи з п'ятого місяця, також розвивається здатність чути, плід може чути звуки. На шостому місяці розвиваються органи травної системи, і ріст плоду прискорюється. На сьомому місяці починає рости волосся на голові. Коли легені повністю розвинулися, плід починає дихати.

Розвиток статевих органів і органів слуху завершується на восьмому місяці. Плід навіть може реагувати на зовнішні звуки. На дев'ятому місяці волосся стає густішим, тонкі волосинки на тілі зникають, частини тіла округляються. Через дев'ять місяців народжується дитина, довжина тіла якої складає близько 50 см, а вага – 3,2 кг.

Плід – це життя, яке належить Богові

У зв'язку із сучасним розвитком науки людей надто цікавить питання клонування живих істот. Але як зазначалося раніше, незалежно від наукового прогресу люди не можуть бути клоновані. Навіть якщо їх зможуть клонувати, якщо зовні вони будуть схожими на людей, вони не матимуть духа. Без духа вони нічим не відрізнятимуться від тварин.

У процесі зростання людини, на відміну від тварин, є момент, коли людині дається дух. На шостому місяці вагітності плід має різні органи, обличчя і кінцівки. Він стає посудом, здатним тримати у собі дух. У той момент Бог дає людині зерно життя і дух. В Біблії є слова, згідно яким ми можемо зробити саме такий висновок. Це запис щодо відповіді шестимісячного плода у лоні матері.

В Євангелії від Луки 1:41-44 написано: «Коли ж Єлисавета зачула Маріїн привіт, затріпотала дитина в утробі її. І Єлисавета наповнилась Духом Святим, і скрикнула голосом гучним, та й прорекла: Благословенна Ти між жонами, і благословенний Плід утроби твоєї! І звідкіля мені це, що до мене прийшла мати мого Господа? Бо як тільки в вухах моїх голос привіту твого забринів, від радощів затріпотала дитина в утробі моїй!»

Це сталося, коли Ісуса було зачато у лоні Діви Марії і вона пішла відвідати Єлисавету, котра шість місяців до того зачала Івана Христителя. В утробі своєї матері Іван Христитель стрибав від радощів, коли прийшла Діва Марія. Він упізнав Ісуса в утробі Марії і сповнився Духом. Плід – це не просто життя, але духовна істота, яка може сповнитися Духом починаючи з шостого місяця вагітності. Людина – це життя, яке належить Богові від моменту запліднення. Лише Бог має верховну владу над життям. Отже неможна робити аборт, вирішуючи, чи потрібен він, чи маєте ви можливість його утримувати, незважаючи на те, що плід ще немає духу.

Дев'ятимісячний термін, протягом якого зростає плід

в утробі, має надто важливе значення. Плодові надається все необхідне для росту від матері, тож матір повинна харчуватися збалансовано. Почуття і думки матері також впливають на формування характеру, індивідуальності і розумових здібностей дитини. Те саме стосується духу. Діти таких матерів, які служать Божому царству і старанно моляться, звичайно мають м'який характер і зростають мудрими і здоровими.

Верховна влада над життям належить виключно Богові, але Він не втручається у процес запліднення, народження і росту людини. Природжений характер вирішується завдяки життєвій енергії, яка міститься у сперматозоїді і яйцеклітині батьків. Інші характерні риси є набутими і розвиваються відповідно до оточення та іншого впливу.

Особливе втручання Бога

Є випадки, коли Бог втручається у запліднення і народження. По-перше, тоді, коли батьки догоджають Богові вірою і щиро моляться. Анна, котра жила під час правління суддів, надто мучилася від того, що не могла мати дітей. Вона звернулася до Бога у щирій молитві. Вона дала обітницю, якщо Бог дасть їй сина, вона віддасть його Богові.

Бог почув її молитву і благословив її зачаттям сина. Анна виконала обітницю і відвела сина Самуїла священникові коли перестала годувати його груддю і віддала його як Божого слугу. Самуїл спілкувався з Богом з дитинства і пізніше став великим пророком Ізраїлю. Оскільки Анна дотрималася обітниці, Бог благословив її трьома синами і двома доньками (1 Книга Самуїлова 2:21).

По-друге, Бог втручається у життя людей, котрі відділені Богом для Його плану. Щоби це зрозуміти, ми повинні розуміти різницю між «бути обраним» і «вибраним». За обранням Бога коли Він установлює певні межі і неперебірливо обирає кожного, хто входить за лінію встановленої межі. Наприклад, Бог встановив межі спасіння і спасає всіх, хто входить у ці межі. Тому люди, які отримують спасіння, прийнявши Ісуса Христа і живучи за Божим Словом, називаються «обраними».

Деякі люди неправильно розуміють те, що Бог уже вирішив, хто спасеться, а хто ні. Вони говорять: якщо ви одного разу прийняли Господа, Бог діятиме так, що ви якимось чином отримаєте спасіння незалежно від того, чи житимете за Божим Словом. Але така думка помилкова.

Люди, які добровільно починають вірити і опинилися у межах спасіння, отримають спасіння. Тобто всі вони «обрані» Богом. Але ті люди, які не входять у межі спасіння, або ті, котрі колись увійшли у його межі, але потім вийшли, через те, що по-дружньому ставилися до світу, свідомо і навмисно грішили, не можуть отримати спасіння, якщо лише не змінять спосіб життя.

Тоді що означає бути «вибраним»? Це коли Бог, Котрий знає все і планує все ще до початку часів, вибирає певну людину і управляє всім її життям. Наприклад, Авраам; Яків, батько всіх Ізраїльтян; і Мойсей, вождь Виходу, були вибрані Богом для того, щоби виконувати особливі обов'язки, дані Богом для виконання Його плану.

Бог знає все. У плані зрощення людства Він знає, які люди мають народитися і у який момент історії. Для виконання Його плану Бог обирає певних людей і дозволяє їм виконувати великі обов'язки. До тих, кого Бог таким чином вибрав, Він втручається у кожний момент їхнього життя, починаючи з народження.

У Посланні до римлян 1:1 написано: «Павло, раб Ісуса Христа, покликаний апостол, вибраний для звіщання Євангелії Божої». Як написано, апостол Павло, був вибраний апостолом для звіщення Євангелія язичникам. Оскільки він мав сміливе і незмінне серце, він був вибраний для того, щоби пройти неймовірно страшні страждання. Йому також був даний обов'язок і відповідальність записати більшість книг Нового Заповіту. Для того, щоби Павло міг виконати свій обов'язок, Бог дозволив йому ґрунтовно вивчити Боже Слово у ранньому дитинстві, навчаючись у найкращого вченого того часу Гамаліїла.

Іван Христитель також був вибраний Богом. Бог втрутився у його зачаття і зробив його життя несхожим на життя інших людей ще з дитинства. Він жив у пустелі один, не маючи жодних контактів із цим світом. Він мав одяг із верблюжого волосу і підперезувався шкіряним поясом. Він живився сараною і диким медом. Таким чином він готував шлях для Ісуса.

Так само було з Мойсеєм. Бог втрутився у його життя від народження. Мойсея було залишено у річці, але його знайшла принцеса і він став принцом. Незважаючи на це, його виховала його рідна матір, так що він дізнався про Бога і свій народ. Як принц Єгипту він також отримав всі знання, які існували у світі. Як говорилося раніше, бути вибраним означає, коли Бог Своєю верховною владою управляє життям певної людини, знаючи, яка людина народиться у певний період історії людства.

3. Совість

Те, що людина, яка шукає Бога-Творця і знайомиться з Ним, повертає собі образ Бога і стає цінною істотою, у значній мірі залежить від того, яку вона має совість.

Сперматозоїд і яйцеклітина батьків містять у собі життєву енергію, яку успадкують їхні діти. Те саме стосується совісті.

Совість – це стандарт для суду між добром і злом. Якщо батьки прожили гарне життя і мали гарне серце-ґрунт, імовірніше, що діти народилися би з доброю совістю. Отже, вирішальним фактором совісті людини є вид енергії життя, яку вона успадкувала від своїх батьків.

Але, незважаючи на те, що люди народилися з гарною батьківською енергією життя, якщо вони зростали у несприятливому середовищі, бачили і чули зло, насадили зло у собі, імовірніше, їхня совість забрудниться злом. І навпаки, люди, які зростали у сприятливому середовищі, чули і бачили лише добро, імовірніше матимуть добру совість.

Формування совісті

Різні види совісті формуються в залежності від того, яких батьків має людина, у якому середовищі вона зростала, що бачила, чула, чого навчалася, які зусилля докладала для того, щоби чинити добро. Таким чином, люди, які народилися у гарних батьків, зростали у гарному середовищі, контролюють себе, звичайно шукають добра керуючись своєю совістю. Їм легко прийняти Євангеліє і змінитися відповідно до істини.

Звичайно, люди вважають, що совість – це добра частина нашого серця, але з точки зору Бога це не так. Деякі люди мають добру совість, а отже сильніше прагнення триматися добра, тоді як інші мають лиху совість і тримаються власної вигоди замість того, щоби триматися істини.

Деякі люди відчувають докори сумління, якщо взяли щось невеличке у когось, а інші не вважають це крадіжкою, а отже не вважають це гріхом. Люди мають різні стандарти розуміння добра і зла відповідно до того, у якому оточенні вони зростали і чого навчалися.

Люди розрізняють добро і зло відповідно до своєї совісті. Але всі люди мають різну совість. Ця різниця полягає у відмінності культур, місця проживання, тож неможливо знайти абсолютний стандарт розуміння добра і зла. Абсолютний стандарт можна знайти у Божому Слові, яке є істиною.

Різниця між серцем і совістю

У Посланні до римлян 7:21-24 написано: «Тож знаходжу закона, коли хочу робити добро, що зло лежить у мені. Бо маю задоволення в Законі Божому за внутрішнім чоловіком, та бачу інший закон у членах своїх, що воює проти закону мого розуму, і полонить мене законом гріховним, що знаходиться в членах моїх. Нещасна я людина! Хто мене визволить від тіла цієї смерти?»

Із цього уривку ми можемо зрозуміти, із чого складається серце людини. «Внутрішній чоловік» у цьому вірші – це серце істини, яке можна назвати «білим серцем», яке намагається триматися керівництва Святого Духа. У цьому внутрішньому чоловікові існує зерно життя. Також існує «закон гріховний», тобто «чорне серце», сповнене неправди. Також існує «закон розуму». Це – совість. Совість – це стандарт оцінювання сформований людиною самостійно. Це суміш «білого» і «чорного» серця. Щоби зрозуміти, що таке совість, ми спершу повинні зрозуміти, що таке серце.

У словниках можна знайти багато визначень слова «серце». Це «емоція або норми моральної поведінки, які залежать від інтелекту людини», або «внутрішня сутність людини, почуття або схильність». Але духовне значення серця інше.

Коли Бог створив першого чоловіка, Адама, разом із духом Він дав йому зерно життя. Адам був наче порожній посуд. Бог поклав у нього знання духу: що таке любов, добро і правдивість. Оскільки Адама було навчено лише відповідно до істини, його зерно життя складалося із духу і знання, яке було у ньому. Оскільки Адам був наповнений лише істиною, не було необхідності розрізняти між духом і серцем. Оскільки не було неправди, необхідність у понятті «совість» була відсутня.

Але після того, як Адам згрішив, його дух перестав бути тим самим, що і його серце. Оскільки його спілкування з

Богом припинилося, істина, знання духу, які наповнювали серце, почали зникати, а натомість неправда: ненависть, зло і гордовитість почали входити у серце, вкриваючи зерно життя. Перед тим, як в Адама увійшла неправда, не було необхідності використовувати слово «серце». Серце було духом. Але після того, як у людину увійшла неправда через гріх, її дух помер і відтоді ми почали використовувати слово «серце».

Серце людини після гріхопадіння Адама стало таким де, «неправда замість правди вкрила зерно життя», що означає: «душа замість духу вкрила зерно життя». Простіше кажучи, серце істини – це біле серце, а серце неправди – це чорне серце. Серце нащадків Адама, які народилися після Адамового гріхопадіння, складалося із серця істини, серця неправди і совісті, яка являла собою суміш правди і неправди.

Характер – основа совісті

Первісний характер серця людини називають «природою». Природа людини не завершена лише завдяки спадковості. Вона змінюється відповідно до того, що людина визнає, з чим погоджується під час свого зростання. Так само, як властивості ґрунту змінюватимуться в залежності від того, що ми додамо у нього, природа людини також може змінитися в залежності від того, що вона бачить, чує і відчуває.

Всі нащадки Адама, які народилися на землі, разом із життєвою енергією своїх батьків успадкували природу, яка являє собою правду і неправду. З одного боку, незважаючи на те, що вони від народження мають добру природу, буде злом, якщо вони вберуть у себе зло, перебуваючи у несприятливому середовищі. З іншого боку, якщо їх навчали доброму у гарному середовищі, порівняно менше зла буде в них посаджено. Характер кожної людини може змінитися, якщо додати придбану неправду або істину.

Легко зрозуміти те, що стосується совісті, якщо ми спершу зрозуміємо природу людини, тому що совість — це стандарт суду, заснованому на природі людини. Ви приймаєте набуті знання істини і неправди у відповідності до своєї природи і формуєте стандарт своєї думки. Це і є совість. Отже, совість складається із серця істини, лихої сторони природи людини і власної праведності людини.

З часом світ надто наповнився гріхом і злом, і людська совість стала більш лихою. Люди успадкували надто більше зло від своїх батьків, і на додаток до всього вони прийняли більше неправди у своє життя. Процес постійно продовжується від покоління до покоління. Оскільки совість людей стала більш лихою і закляклою, їм стало важче приймати Євангеліє. Замість того їм легше стало отримувати справи сатани і грішити.

4. Діла тіла

Коли людина грішить, вона неодмінно буде покарана відповідно до закону духовного царства. Бог терпляче ставиться до такої людини, намагаючись дати шанс покаятися і позбутися гріхів, але якщо людина переходить межу, на неї чекатимуть випробування і негаразди.

Всі народжуються маючи гріховну природу, тому що гріховна природа першого чоловіка, Адама, перейшла до його дітей через енергію життя батьків. Інколи ми бачимо, як маленькі діти виражають свій гнів і розчарування, наприклад, голосно плачучи. Інколи якщо ми не заспокоїмо голодну дитину, що плаче, вона плакатиме так сильно, що, здається, припинить дихати. Потім дитина відмовиться від заспокоєння через власний гнів. Навіть новонароджені діють таким чином, бо вони успадкували від своїх батьків дратівливість, ненависть і заздрість. Причина у тому, що всі люди мають гріховну природу у своєму серці, що і є первинним гріхом.

Також люди грішать у процесі свого зростання. Так само, як магніти притягують до себе метал, люди, які живуть у фізичному просторі, продовжуватимуть приймати неправду і грішити. Такі «навмисні» гріхи можна розподілити на гріхи, вчинені у серці, і гріхи, вчинені у діях. Різні гріхи мають різну величину. Гріхи, вчинені у діях, напевно будуть осуджені (1 Послання до коринтян 5:10). Гріхи, вчинені у діях, -- це «діла тіла».

Тіло і діла тіла

У Книзі Буття 6:3 написано: «І промовив ГОСПОДЬ: Не буде Мій Дух перемагатися в людині навіки, бо блудить вона. Вона тіло, і дні її будуть сто і двадцять літ». Тут «тіло» означає не просто фізичне тіло. Воно означає те, що людина стала тілесною істотою, яка забруднилася гріхом і злом. Така людина тіла не може перебувати з Богом вічно, а тому не може отримати спасіння. Минуло не надто багато часу після того, як Адама було вигнано з еденського раю на цю землю, і його нащадки дуже швидко почали чинити діла тіла.

У Бога був Ной, праведний чоловік, котрий жив у той час. Він побудував ковчег і попереджав людей, щоби вони відвернулися від своїх гріхів. Але жодна людина, окрім родини Ноя, не захотіла увійти у ковчег. Відповідно до духовного закону, у якому говориться: «заплата за гріх -- смерть» (Послання до римлян 6:23), всі люди, які жили у часи Ноя, загинули від потопу.

Яке духовне значення має слово «тіло»? Воно означає «неправедну природу у серці людини, яка проявилася у певних діях». Інакше кажучи, заздрість, дратівливість, ненависть, жадібність, перелюб, гордовитість та інші внутрішні прояви неправди у людині проявляються у вигляді насилля, лихослів'я, перелюбства бо вбивства. Всі ці вчинки називаються «тілесними», а кожен із цих вчинків є ділом тіла.

Але не лише гріхи, які проявлені у вчинках, але скоєні у думках, називаються «тілесними». Тілесні думки одного дня можуть стати ділами тіла, якщо ви їх не викинули зі свого серця. Детальніше ми будемо говорити про тіло у Частині 2 «Формування душі».

Відколи думки тіла проявилися як діла тіла, це називається нечестивістю і злочинністю. Якщо наше серце має гріховну природу, це не вважається нечестивістю, але коли думки переходять у вчинки, це стає нечестивістю. Якщо ми не позбудемося думок і діл тіла, але продовжуватимемо чинити їх, ми побудуємо стіну гріха між собою і Богом. Тоді сатана звинуватить нас і дасть нам випробування і негаразди. Ми можемо потрапити в аварію, тому що Бог не зможе захистити нас. Ми не знаємо, що станеться завтра, якщо ми не перебуватимемо під захистом Бога. Тому ми також не можемо отримувати відповіді на свої молитви.

Явні вчинки тіла

Коли у світі стало переважати зло, найочевиднішими гріхами стали сексуальна розбещеність і розпуста. Содом і Гоморра були повні розпусти, тому були знищені сіркою і вогнем. Якщо ми подивимося на залишки міста Помпеї, вони засвідчать нам про те, яким перелюбним і занепадницьким було суспільство у той період.

У Посланні галатам 5:19-21 описані явні діла тіла:

Учинки тіла явні, то є: перелюб, нечистість, розпуста, ідолослуження, чари, ворожнечі, сварка, заздрість, гнів, суперечки, незгоди, єресі, завидки, п'янство, гулянки й подібне до цього. Я про це попереджую вас, як і попереджав був, що хто чинить таке, не вспадкують вони Царства Божого!

Навіть у наш час такі вчинки тіла дуже поширені у світі. Дозвольте навести декілька прикладів таких вчинків тіла.

По-перше, це сексуальна розпуста. Сексуальна розпуста може бути як фізичною, так і духовною. У фізичному розумінні вона означає перелюб або блуд. Навіть заручені пари не виключення. У наш час романи, кінострічки та мильні опери зображують блуд як прекрасну любов, таким чином позбавляючи людей чутливості щодо гріхів і вміння їх розпізнавати. Крім того, існує багато непристойного матеріалу, який схиляє до розпусти.

Але існує також духовна розпуста серед віруючих.

Якщо люди звертаються до ворожок, тримають амулети на щастя, чаклують, то це називається духовною розпустою (1 Послання до коринтян 10:21). Якщо християни не покладаються на Бога, Котрий керує життям, смертю, благословенням і прокляттям, але довіряють ідолам і злим духам, це називається духовною розпустою, що так само є зрадою Бога.

По-друге, нечистота – це похіть і неправедність, коли життя людини сповнене слів і вчинків перелюбу. Це те, що відбувається поза межами звичайної сексуальної розпусти, наприклад, зляґання з тваринами, груповий секс і гомосексуалізм (Книга Левит 18:22-30). Чим поширеніші гріхи, тим нечутливішими стають люди щодо всього, що стосується перелюбу і розпусти.

Все це для того, щоби не коритися Богові і протистояти Йому (Послання до римлян 1:26-27). Такі гріхи позбавляють спасіння (1 Послання до коринтян 6:9-10) і є огидними для Бога (Книга Повторення Закону 13:18). Коли люди роблять операції для зміни статі, коли чоловіки носять жіночий одяг, або жінки носять чоловічий одяг, -- все це огидне для Бога (Книга Повторення Закону 22:5).

По-третє, ідолопоклонство також огидне для Бога. Це фізичне і духовне ідолопоклонство.

Фізичне ідолопоклонство означає служіння і поклоніння

зображенням, виготовленим з дерева, каменю або металу, але не Богові-Творцеві (Книга Вихід 20:4-5). Надмірне ідолопоклонство призведе до прокляття на три або чотири покоління. Якщо подивитися на сім'ї, які поклоняються ідолам, ви зрозумієте, що ворог, сатана і диявол, постійно надає таким людям випробування і приносить негаразди, так що у таких родинах постійно існують проблеми. Зокрема, існує багато людей, які одержимі злими духами, мають психічні розлади, або алкоголіки. Людям, які народилися у такій сім'ї і прийняли Господа, заважає ворог, сатана і диявол, і їм важко жити у вірі.

Духовне ідолопоклонство – це коли віруюча в Бога людина любить щось інше більше, ніж Бога. Якщо люди порушують День Господній заради перегляду кінострічок, мильних опер, спортивних передач або улюблених занять, або якщо вони нехтують виконанням своїх обов'язків у вірі через коханого або кохану, -- це називається духовним ідолопоклонством. Крім того, якщо ви любите сім'ю, дітей, мирські розваги, розкішні речі, владу, славу, жадібність або знання більше за Бога, -- це і є ваш ідол.

По-четверте, чаклунство – це використання сили, отриманої за допомогою або внаслідок керування злими духами, особливо для віщування.

Бути ворожкою, стверджуючи, що ви вірите в Бога, неправильно. Навіть невіруючі викликають більші нещастя своїм чаклунством, бо чаклунство приводить лихих духів.

Наприклад, якщо ви чаклуєте, щоби проблеми відійшли від вас, ситуація погіршиться, проблеми стануть більшими, але не зникнуть. Після чарівництва лихі духи, здається, на деякий час заспокоюються, але скоро вони викликають ще більші проблеми, щоби отримати більше поклоніння. Інколи вони навіть ніби говорять про те, що має бути, але лихі духи не знають, що станеться у майбутньому. Вони схожі на духовні істоти, вони знають серце тілесних людей, тож обманюють людей, щоби ті вірили, що вони розповіли їм про майбутнє, так щоби їм поклонялися. Чари також мають план обманути людей, отже ми повинні бути обережними з ними. Якщо ви зробили так, щоби хтось упав у яму, використавши план, це очевидний вчинок тіла, таким чином ви знищите себе.

По-п'яте, ворожість – це безумовна, активна і зазвичай взаємна ненависть або злий умисел. Це коли людина бажає, щоби інші люди загинули і фактично робить так, щоби це сталося. Люди, які мають неприязнь, ненавидять інших людей, маючи лихі почуття лише тому, що вони не люблять іншу людину. Якщо ненависть збільшиться до надто великих розмірів, вони можуть вибухнути або почнуть лихословити і плести інтриги.

По-шосте, ворожнеча інколи гірша за несамовиті конфлікти і чвари. Внаслідок цього у церкві утворюються різні групи лише тому, що люди мають різні точки зору. Вони лихословлять і осуджують. Тоді церква розділиться на багато груп.

По-сьоме, розбіжності змушують розділитися на групи, якщо люди покладаються на власні думки. Навіть сім'ї розпадаються. Також може бути інший поділ у церкві. Авесалом, син Давида, зрадив свого батька і відділився від нього, покладаючись на власні бажання. Він повстав проти свого батька, щоби стати царем. Бог залишає таку людину. Зрештою Авесалома спіткала жалюгідна смерть.

По-восьме, це розбрат. Коли розпочинається розбрат, це може перетворитися на єресі. У 2 Посланні Петра 2:1 написано: «А між людом були й неправдиві пророки, як і будуть між вас учителі неправдиві, що впровадять згубні єресі, відречуться від Владики, що викупив їх, і стягнуть на себе самі скору погибіль». Єресь – це зречення Ісуса Христа (1 Послання Івана 2:22-23; 4:2-3). Люди говорять, що вірять в Бога, але зрікаються триєдиного Бога або Ісуса Христа, Котрий викупив їх Своєю кров'ю, і таким чином стягують самі на себе скору загибель. В Біблії чітко розповідається про єретиків. Це люди, які заперечують Ісуса Христа. Отже ми не повинні необережно судити тих, хто приймає триєдиного Бога та Ісуса Христа.

По-дев'яте, заздрість – це коли ревнощі переходять у

серйозні вчинки. Заздрість змушує почуватися незатишно, віддалятися від інших людей, ненавидіти їх, якщо інші здаються кращими за вас. Якщо розвиваються такі ревнощі, людина може вчинити багато дій, які зашкодять іншим. Саул ревнував Давида, тому що Давида люди любили більше. Він навіть використав свою армію, щоби вбити Давида, знищив священників і жителів міста, які заховали Давида.

По-десяте, це пияцтво. Ной вчинив помилку, коли випив вина після потопу. Це призвело до жахливих наслідків. Він прокляв свого другого сина Хама, котрий вказав на його провину.

У Посланні до ефесян 5:18 написано: «І не впивайтесь вином, в якому розпуста, але краще наповнюйтесь Духом». Дехто може сказати, що нічого поганого в одному бокалі вина немає. Але це гріх, тому що незалежно від кількості випитих бокалів, ви п'єте алкоголь для того, щоби напитися. Крім того, п'яні чинять багато гріхів, не маючи можливості контролювати себе.

В Біблії говориться про те, що люди пили вино, тому що в Ізраїлі було недостатньо води, таким чином, замість води Бог дозволив людям пити вино, що є чистим соком виноградної лози, або міцним напоєм, виготовленим із фруктів, які мають у своєму складі більше цукру (Книга Повторення Закону 14:26). Але насправді Бог не дозволяв людям вживати алкогольні напої (Книга Левит 10:9; Числа 6:3; Книга

Приповістей 23:31; Книга Пророка Єремії 35:6; Книга Пророка Даниїла 1:8; Євангеліє від Луки 1:15; Послання до римлян 14:21). Бог дозволив користуватися вином обмежено лише в особливих випадках. Але незважаючи на те, що то лише сік виноградної лози, люди все-таки напиваються, якщо багато вип'ють. Тому Ізраїльтяни пили вино замість води. Вони пили не для того, щоби напитися і щоби їм було весело.

І останнє. Бенкетування – це безконтрольне насолодження алкогольними напоями, жінками, азартними іграми та іншими похітливими речами. Такі люди не можуть виконувати свої обов'язки як люди. Якщо ви не можете контролювати себе, це також можна назвати пияцтвом. Якщо ваше життя надто непристойне, або якщо ви живете у розпусті, як бажаєте, це також пияцтво. Якщо ви живете так навіть після того, як прийняли Господа, ви не можете віддати своє серце Богові або позбутися гріхів, отже ви не можете успадкувати Боже Царство.

Що означає не мати можливості наслідувати Боже Царство

Досі ми розглядали очевидні вчинки тіла. Тоді якою є основна причина того, що люди чинять такі вчинки тіла? Це тому, що вони не хочуть мати Бога-Творця у своєму серці. Про це написано у Посланні до римлян 1:28-32: «А що вони не вважали за потрібне мати Бога в пізнанні, видав їх Бог на розум перевернений, щоб чинили непристойне. Вони повні всякої неправди, лукавства, зажерливости, злоби, повні заздрости, убивства, суперечки, омани, лихих звичаїв, обмовники, наклепники, богоненавидники, напасники, чваньки, пишні, винахідники зла, неслухняні батькам, нерозумні, зрадники, нелюбовні, немилостиві. Вони знають присуд Божий, що ті, хто чинить таке, варті смерти, а проте не тільки самі чинять, але й хвалять тих, хто робить таке».

По суті тут говориться про те, що ви не успадкуєте Боже Царство, якщо здійснюватимете явні вчинки тіла. Звичайно, тут не говориться про те, що ви не отримаєте спасіння лише тому, що ви згрішили пару разів через слабку віру.

Неправда у тому, що нові віруючі, які ще добре не знають істини, або такі, хто мають слабку віру, не отримають спасіння лише тому, що вони іще не позбулися вчинків тіла. Всі люди мають провини доки їхня віра не дозріє. Вони можуть отримати прощення за свої гріхи, довірившись крові Господа. Але якщо вони продовжуватимуть чинити вчинки тіла, не намагаючись позбутися їх, вони не зможуть отримати спасіння.

Гріхи на смерть

У 1 Посланні Івана 5:16-17 написано: «Коли хто бачить

брата свого, що грішить гріхом не на смерть, нехай молиться за нього, і Він життя йому дасть, тим, хто грішить не на смерть. Є й гріх на смерть, не про нього кажу, щоб молився. Усяка неправда то гріх. Та є гріх не на смерть». Як написано, ми можемо побачити, що існують гріхи, які ведуть до смерті, а є такі, що не ведуть до смерті.

Отже, які саме гріхи ведуть до смерті? Які гріхи позбавляють нас права успадкувати Боже Царство?

У Посланні до євреїв 10:26-27 написано: «Бо як ми грішимо самовільно, одержавши пізнання правди, то вже за гріхи не знаходиться жертви, а страшливе якесь сподівання суду та гнів палючий, що має пожерти противників». Якщо ми продовжуємо грішити, знаючи, що ми робимо, це означає, що ми чинимо опір Богові. Таким людям Бог не дає духа покаяння.

У Посланні до євреїв 6:4-6 також написано: «Не можна бо тих, що раз просвітились були, і скуштували небесного дару, і стали причасниками Духа Святого, і скуштували доброго Божого Слова та сили майбутнього віку, та й відпали, знов відновляти покаянням, коли вдруге вони розпинають у собі Сина Божого та зневажають». Якщо ви чините опір Богові після того, як почули істину і відчули справи Святого Духу, ви не отримаєте духа покаяння, а отже не отримаєте спасіння.

Якщо ви засуджуєте справи Святого Духа, вважаючи їх справами диявола або єрессю, ви також не можете отримати спасіння, тому що зневажаєте Святого Духа і чините Йому опір (Євангеліє від Матвія 12:31-32).

Ми повинні розуміти, що існують гріхи, які не прощаються, і ніколи не чинити їх. Також навіть дрібні гріхи можуть стати гріхами на смерть, якщо їх накопичиться надто багато. Тому ми не повинні виходити за межі істини.

5. Зрощення

Зрощення людства означає весь процес створення Богом людей на цій землі і управління історією людства до приходу Судного дня, щоби отримати істинних дітей.

Зрощення – це процесс, коли господар докладає зусиль, важко працює, сіючи зерна і збираючи врожай. Бог також посіяв перше зерно на ім'я Адам і Єва на цій землі, щоби важко працюючи, вирощуючи їх на землі, зібрати врожай, істинних дітей. Бог досі зрощує людей. Бог знав заздалегідь, що люди зіпсуються внаслідок непокори і що Він замутиться. Але Він зрощуватиме людей до кінця, тому що Він знає, що будуть істинні діти, які відкинуть зло, маючи любов до Бога, і які мають серце Бога.

Люди створені з пороху земного, отже їхня природа схожа

з природою ґрунту. Якщо посіяти зерна у полі, вони пустять паростки, виростуть і принесуть плоди. Ми бачимо, що ґрунт має силу створити нове життя. Також характеристики ґрунту зміняться в залежності від того, що ви додасте у нього. Так само відбувається з людьми. Люди, які гніваються, зазвичай мають ще більше гніву за своєю природою. Люди, які часто говорять неправду, мають ще більше неправди у своєму характері. Після Адамового гріхопадіння він і його нащадки стали людьми тіла і надто забруднилися неправдою.

Тому люди повинні зрощувати своє серце і відновлювати серце духу завдяки «зрощенню людства». Зрештою, люди зрощуються на цій землі для того, щоби вони зрощували своє серце і відновили безгрішне серце, яке мав Адам до свого гріхопадіння. Бог дав нам притчі, які пов'язані зі зрощенням у Біблії, щоби ми могли зрозуміти Його план зрощення людства (Євангеліє від Матвія 13; Євангеліє від Марка 4; Євангеліє від Луки 8).

В Євангелії від Матвія 13 Ісус порівнює серце людини з краєм дороги, з каменистими полем і добрим ґрунтом. Ми повинні перевірити, який ґрунт маємо ми, орати його, перетворюючи на добрий ґрунт, як бажає Бог.

Чотири види ґрунту-серця

Перший, узбіччя, -- це земля, що затверділа внаслідок того, що по ній протягом довгого часу ходили люди.

Насправді, це навіть не ґрунт, жодне зерно на ньому не проросте. Там не відбувається робота життя.

Узбіччя у духовному розумінні означає серце таких людей, які не приймають Євангеліє взагалі. Їхнє серце настільки затверділе у їхньому егоїзмі і гордості, що зерно Євангелія не зможе бути посіяне. У часи Ісуса іудейські вожді були надто упертими, покладаючись на власну думку і традиції, тож вони відмовилися від Ісуса та Євангелія. У наш час люди, які мають серце, схоже на узбіччя, настільки уперті, що не бажають розуміти і відмовляються від Євангелія навіть побачивши силу Бога.

Ґрунт на узбіччі надто твердий, і зерна не можуть зануритися у нього. Тож птахи з'їдають ті зерна. Тут під птахами мається на увазі сатана. Сатана забирає Боже Слово, так що люди не можуть отримати віру. Вони приходять до церкви, бо їх змушують інші люди, але не бажають вірити у Боже Слово, яке проповідується. Вони швидше будуть осуджувати служителя або проповідь, засновуючись на власних думках. Люди, чиє серце затверділо, які не відкривають свій розум, зрештою не можуть отримати спасіння, тому що зерно Слова не може принести плід.

Друге, кам'янистий ґрунт трохи кращий за узбіччя. Людина, схожа на узбіччя, не має жодного наміру прийняти Боже Слово, а людина, яка має серце, схоже на кам'янистий ґрунт, не розуміє Боже Слово, яке вона чує. Якщо ви посієте зерна у кам'янистий ґрунт, зерна пустять паростки, але не зможуть добре вирости. В Євангелії від Марка 4:5-6 написано: «Друге ж упало на ґрунт кам'янистий, де не мало багато землі, і негайно зійшло, бо земля неглибока була; а як сонце зійшло то зів'яло, і, коріння не мавши, усохло».

Люди, які мають серце, схожі на кам'янистий ґрунт, розуміють Боже Слово, але не можуть прийняти його з вірою. В Євангелії від Марка 4:17 написано: «...та коріння не мають у собі й непостійні; а згодом, як утиск або переслідування наступає за слово, вони спокушаються зараз». Тут під «словом» розуміється Боже Слово, яке говорить нам: «Святіть суботу, віддавайте десятину повністю, не поклоняйтеся ідолам, служіть іншим людям і приборкуйте себе». Слухаючи Боже Слово, їм здається, що вони зможуть виконувати його, але вони не стримують свого рішення, коли їх спіткають труднощі. Вони радіють, коли отримують Божу благодать, але під час труднощів вони скоро змінюють своє ставлення. Вони дізналися про Слово і знають його, але не мають сили застосовувати його на практиці, тому що Його Слово не зрощувалося у їхньому серці як упевнена віра.

Третє, люди, які мають серце-ґрунт, поросле тереном, розуміють Боже слово і починають застосовувати його на практиці. Але вони не можуть застосовувати його на практиці у повній мірі і не приносять гарні плоди. В Євангелії від Марка 4:19 написано: «... але клопоти цьогосвітні й омана багатства та різні бажання ввіходять, та й заглушують слово, -- і плоду воно не дає».

Люди, які мають таке серце, здаються гарними віруючими, які застосовують Боже Слово, але все ще мають випробування, негаразди, і повільно ростуть духовно. Це тому, що вони не відчувають дійсну роботу Бога, вводячись в оману турботами цього світу, брехливістю багатства і бажаннями мати щось інше. Наприклад, припустимо, бізнес таких людей збанкрутів і вони навіть могли потрапити до в'язниці. Тоді якщо у даній ситуації можливо віддати борг лише з невеликою вигодою, і сатана спокушає їх цим, вірогідніше за все вони спокусяться. Бог може допомогти таким людям лише якщо вони прямують праведним шляхом незалежно від того, як то важко, але вони підкоряються спокушанням сатани.

Навіть якщо вони мають бажання коритися Божому Слову, вони не можуть насправді коритися з вірою, бо їхні серця сповнені людських думок. Вони моляться, що віддали все у руки Бога, але насправді користуються власним досвідом і покладаються на власні думки. На перше місце вони ставлять власні плани, таким чином не все в них іде добре, навіть якщо на перший погляд так здається. У Посланні Якова 1:8 написано, що такі люди називаються двоєдушними.

Якщо на землі виростають лише декілька паростків терну, здається, що вони не приносять особливої шкоди. Але коли вони виростають, ситуація повністю міняється. Терен перетворюється на кущ, перешкоджаючи росту інших добрих зерен. Тому, якщо хоча би щось заважає нам виконувати Боже Слово, ми повинні одразу ж видалити те, навіть якщо воно здається банальним.

Четверте, гарна земля – це родючий ґрунт, поораний господарем. Затверділа земля поорана, прибране каміння і терен. Це означає, що ви утримуєтесь від такого, що забороняє робити Бог, що ви позбавляєтеся того, чого Бог наказує позбавитись. Немає каменів або інших перешкод, отже, коли Боже Слово потрапляє у такий ґрунт, на ньому виростає врожай у 30, 60, 100 разів більший від посіяного. Такі люди отримають відповіді на свої молитви.

Щоби перевірити, як добре ми обробляли серце-добрий ґрунт, ми побачимо, як добре ми застосовуємо на практиці Боже Слово. Чим більше ви обробили гарного ґрунту, тим легше буде жити за Божим Словом. Деякі люди знають Його Слово, але не можуть застосовувати його на практиці через втому, лінощі, неправедні думки і бажання. Люди, які мають серце-добрий ґрунт, не мають таких перешкод, тож вони розуміють і застосовують на практиці Боже Слово лише почувши його. Відколи вони зрозуміли, що щось є Божою волею і догоджає Йому, вони просто роблять це.

Коли ви обробляєте своє серце, ви починаєте любити людей, яких ненавиділи. Тепер ви можете простити людей, яких ви не могли простити раніше. Заздрість і осуд перетворяться на любов і прощення. Гордовитий розум перетвориться на покірність і служіння. Позбутися зла шляхом обрізання власного серця означає зростити власне серце, перетворивши його на добрий ґрунт. Тоді, коли зерно Божого Слова потрапить у серце-добрий ґрунт, воно проросте і швидко виросте, щоби принести дев'ять плодів Святого Духу, а також плоди Світла.

Коли ви зміните своє серце на гарний ґрунт, ви можете отримати духовну віру згори. Ви також можете палко молитися про те, щоби отримати силу Бога згори, ясно чути голос Святого Духа і виконувати Божу волю. Такі люди є плодами, які бажає зібрати Бог після зрощення людства.

Властивість посудини: ґрунт серця

Одним із важливих складових частин у зрощенні нашого серця є властивість посудини. Властивість посудини залежить від властивостей матеріалу посудини. Вона показує, як людина слухає Боже Слово, тримає його у своєму серці і застосовує на практиці. В Біблії порівнюються посудини із золота, срібла, дерева та глини (2 Послання Тимофію 2:20-

21).

Всі вони чують одне і те саме Боже Слово, але чують його по-різному. Деякі люди приймають його, промовляючи: «Амінь», а для інших воно проходить повз вуха, бо воно не узгоджується з їхніми думками. Деякі люди слухають Боже Слово щирим серцем і намагаються застосовувати його на практиці, а інші відчувають благословення послання, але скоро забувають його.

Такі відмінності походять від відмінностей у властивостях посудини. Якщо ви зосереджуєтесь на Божому Слові, яке чуєте, воно буде посіяне у вашому серці не так, як коли ви слухаєте його у дрімоті, не зосереджуючись на ньому. Навіть якщо ви слухаєте одну і ту саму проповідь, результат надто відрізнятиметься між тим, щоби тримати його глибоко у серці і нерегулярно слухати його.

У Книзі Дії 17:11 написано: «Ці були шляхетніші за солунян, і слова прийняли з повним запалом, і Писання досліджували день-у-день, чи так воно є». А у Посланні до євреїв 2:1 написано: «Через це подобає нам більше вважати на почуте, щоб ми не відпали коли».

Якщо ви старанно слухаєте Боже Слово, тримаєте його у своїх думках і застосовуєте на практиці, ми можемо сказати, що властивість вашої посудини є гарною. Люди,,, які мають гарну властивість посудини, покірні Божому Слову, так що вони можуть швидко створити у своєму серці гарний ґрунт. Тоді, маючи гарний ґрунт у своєму серці, вони безумовно будуть тримати Боже Слово у глибині свого серця і застосовувати його на практиці.

Добра властивість посудини допомагає обробляти гарний ґрунт, а гарний ґрунт також допомагає зрощувати гарну властивість посудини. Як написано в Євангелії від Луки 2:19: «А Марія оці всі слова зберігала, розважаючи, у серці своїм». Діва Марія мала гарну посудину, в якій вона тримала Боже Слово, і отримала благословення зачати Ісуса за допомогою Святого Духа.

У 1 Посланні до коринтян 3:9 написано: «Бо ми співробітники Божі, а ви Боже поле, Божа будівля». Ми – поле, яке обробляє Бог. Ми можемо мати чисте і добре серце, наче гарний ґрунт, а також гарну посудину, наче золоту, яку Бог використовує для благородних цілей, якщо ми слухаємо і тримаємо Боже Слово у своїх думках і застосовуємо його на практиці.

Властивість серця: розмір посудини

Існує також інше поняття щодо властивості посудини. Воно пов'язане з тим, наскільки широко людина збільшує і використовує своє серце. Властивість посудини залежить від матеріалу посудини, тоді як властивість серця залежить від розміру посудини. Це можна розподілити за категоріями на чотири види.

Перша категорія – це люди, які роблять більше, ніж повинні робити. Це найкраща властивість серця. Наприклад, батьки просять своїх дітей зібрати сміття з підлоги. Тоді діти не лише збирають сміття, але й миють підлогу і прибирають у кімнаті. Вони перевищують очікування своїх батьків а отже радують своїх батьків. Степан і Пилип були лише дияконами, але вони були вірними і святими, як апостоли. Вони були втіхою для Бога і являли велику силу, знамення і дива.

Друга категорія – це люди, які роблять лише те, що повинні робити. Такі люди відповідальні, але насправді не піклуються про інших та про своє середовище. Якщо батьки просять їх зібрати сміття, вони зберуть його. Вони можуть бути визнані за покірність, але не можуть стати більшою радістю для Бога. Деякі віруючі також потрапляють до цієї категорії у церкві. Вони лише виконують свої обов'язки, не турбуючись про інші питання. Такі люди не можуть стати великою радістю в очах Бога.

Третя категорія – це люди, які роблять те, що мають робити, покладаючись на своє почуття обов'язку. Вони не виконують обов'язки з радістю і вдячністю, але скаржаться і нарікають. Такі люди негативні в усьому, вони скупі щодо самопожертви і допомоги іншим людям. Якщо їм доручають виконувати певні обов'язки, вони виконують їх, маючи почуття обов'язку, але напевно при цьому додають труднощів для інших людей. Бог дивиться на наше серце. Він задоволений, коли ми виконуємо свої обов'язки покладаючись на власне бажання, маючи любов до Бога, а не відчуваючи примус або покладаючись при цьому лише на почуття обов'язку.

Четверта категорія – це люди, які чинять зло. Такі люди не мають почуття відповідальності або почуття обов'язку. Вони також не думають про інших людей. Вони наполягають на правильності власних думок і теорій, змушуючи інших людей страждати. Якщо такі люди є пасторами або лідерами, які піклуються про членів церкви, вони не можуть піклуватися про них з любов'ю. Таким чином вони втрачають душі або змушують їх спотикатися. Вони завжди покладають провину на інших людей за негативні результати і зрештою перестають виконувати свої обов'язки. Отже кращим буде не доручати їм виконання жодних обов'язків.

Тепер давайте перевіримо, який характер маємо ми. Незважаючи на те, що наше серце не досить широке, ми можемо збільшити його. Для цього нам необхідно освятити своє серце і мати добру властивість посудини. Ми не можемо просто мати добру властивість серця, насправді маючи погану властивість посудини. Зростити добрий характер серця можна освятивши себе, маючи відданість і пристрасть у кожній справі.

Люди, які мають гарну властивість серця, можуть чинити великі справи для Бога, прославляючи Його. Такою була історія Йосипа. Рідні брати Йосипа продали його в єгипетське рабство, де він потрапив на служіння у дім Потіфара, царедворця фараонового, начальника царської сторожі. Але Йосип не скаржився на долю за те, що його продали у рабство. Він виконував доручений хазяїном обов'язок. Він став відповідальним за все домашнє господарство. Пізніше Йосипа несправедливо обвинуватили і ув'язнили, але він залишався вірним, як завжди, і зрештою став верховним міністром всього Єгипту. Він врятував країну і свою сім'ю від наслідків страшної посухи і поклав основу для створення країни Ізраїлю.

Якби Йосип не мав доброго характеру серця, він би виконував лише те, що говорив йому хазяїн. Він би помер рабом у Єгипті або у в'язниці. Але Бог використовував Йосипа тому, що він робив все найкраще в Його очах за будь-яких обставин, маючи при цьому широке серце.

Пшениця або полова?

Бог довгий час зрощував людей у цьому фізичному просторі від моменту Адамового гріхопадіння. Коли прийде час, Він відділить пшеницю від полови і принесе пшеницю у Небесне Царство, а полову – у пекло. В Євангелії від Матвія 3:12 написано: «У руці Своїй має Він віячку, і перечистить

Свій тік: пшеницю Свою Він збере до засіків, а полову попалить ув огні невгасимім».

Тут пшениця означає людей, які люблять Бога і застосовують на практиці Його Слово, щоби жити в істині. І навпаки, люди, які не живуть у Божому Слові, але у гріхах, не покладаються на істину, не приймають Ісуса Христа і чинять справи тіла, називаються половою.

Бог бажає, щоби всі стали пшеницею і отримали спасіння (1 Послання до Тимофія 2:4). Так само господарі бажають зібрати добрий врожай з кожного зерна, яке вони посіяли. Але під час збору врожаю завжди трапляється полова. Так само, не всі люди стануть пшеницею і отримають спасіння.

Не розуміючи роль даного питання у зрощенні людства, можна поцікавитися: «Написано, що Бог є любов, тож чому Він спасає деяких людей, а іншим дозволяє прямувати шляхом знищення?» Але особисте спасіння вирішується не Богом, покладаючись на Його симпатію. Воно залежить від доброї волі кожної людини. Люди, які живуть у фізичному просторі, мають обрати шлях: на небеса, або у пекло.

В Євангелії від Матвія 7:21 написано: «Не кожен, хто каже до Мене: Господи, Господи! увійде в Царство Небесне, але той, хто виконує волю Мого Отця, що на небі». Також у Євангелії від Матвія 13:49-50 написано: «Так буде й наприкінці віку: Анголи повиходять, і вилучать злих з-поміж праведних, і їх повкидають до печі огненної, буде там плач і скрегіт зубів!»

Тут «праведні» означають віруючих. Це означає, що Бог відділить полову від пшениці серед віруючих. Незважаючи на те, що вони прийняли Ісуса Христа і ходять до церкви, вони не виконують Божу волю. Це лише полова, яку потрібно вкинути у пекельний вогонь.

Бог навчає нас про серце Бога-Творця, план зрощення людства та істинну мету життя, про яку говориться в Біблії. Він бажає, щоби ми зрощували гарну властивість посудини і гарну властивість серця і стали справжніми дітьми Бога – пшеницею у Небесному Царстві. Але скільки людей гоняться за безглуздими речами у цьому світі, сповненому гріхами і беззаконням? Це відбувається тому, що ними керує їхня душа.

Формування душі
(Робота душі у фізичному просторі)

Звідки у людей виникають думки?

Чи процвітає моя душа?

«Ми руйнуємо задуми
і всяке винесення, що підіймається
проти пізнання Бога,
і полонимо всяке знання
на послух Христові,
і покарати ми готові всякий непослух,
коли здійсниться послух ваш".
(2 Послання до коринтян 10:5-6)

Формування душі

Відколи дух людини помер, її душа зайняла місце господаря людини, що живе у фізичному просторі. Душа потрапила під вплив сатани, і люди почали виконувати різноманітну роботу душі.

1. Що таке душа

2. Різноманітна робота душі у фізичному просторі

3. Темрява

Ми бачимо дива Божого творіння, дивлячись на таких тварин як кажани, котрі полюють на здобич застосовуючи свою ехолокаційну систему, спостерігаючи за мандрівкою лососів та птахів, котрі повертаються до місць свого народження та розмноження, за дятлами, які довбають дерево до тисячі разів за одну хвилину.

Люди створені для того, щоби підкоряти собі все це. Зовнішньо люди виглядають не такими сильними, як леви або тигри. Їхні слухові та нюхові почуття не такі гострі, як у собак. Однак людей називають господарями всього створіння.

Це тому, що вони мають дух та здатні розмірковувати, маючи вищий рівень мозкової організації. Люди мають інтелект, вони здатні розвивати науку і цивілізацію, щоби управляти всім. Ця розумна частина людини пов'язана з «душею».

1. Що таке душа

Механізм пам'яті у мозку людини, знання, які містяться у пам'яті і думки, які народжуються із знань разом називаються «душею».

Ми повинні чітко розуміти взаємозалежність між духом, душею і тілом щоби правильно зрозуміти діяльність душі. Таким чином ми можемо повернути собі роботу душі, яку бажає бачити в нас Бог. Щоби уникнути контроля з боку сатани через душу, наш дух повинен бути нашим господарем і керувати нашою душею.

Тлумачний словник пояснює значення слова «душа»: «Нематеріальна сутність, натхнене джерело або причина, що приводить у рух життя людини; духовний принцип, втілений у людях, всі розумні і духовні істоти всесвіту». Але Біблійне значення душі відрізняється від наведеного вище.

Бог помістив у нашому мозку механізм пам'яті. Розум має функцію запам'ятовувати. Таким чином люди можуть вводити знання у свій механізм зберігання інформації і відновлювати її. Коли зміст у механізмі пам'яті відновлюється, це називається «думкою». Тобто думка – це відновлення і пригадування того, що було закладено до пам'яті. Механізм пам'яті, знання, яке в ньому знаходиться, а також відновлення знання загалом можна назвати «душею».

Людську душу можна порівняти з накопиченням інформації, її пошуком та використанням, як у комп'ютері. Люди мають душу, отже вони можуть пам'ятати і думати, тому душа має таке саме важливе значення, як серце.

Від того, яку інформацію людина побачила, почула і застосувала, наскільки добре вона пам'ятає і використовує цю інформацію, залежить те, з чого складається її пам'ять та інтелект, відмінний від інших. Коефіцієнт розумового розвитку або коефіцієнт інтелекту здебільшого визначається спадково, але його також можна змінити за допомогою здобутих елементів, таких як навчання і досвід. Незважаючи на те, що двоє людей народилися з одним рівнем коефіцієнту інтелекту, їхній рівень інтелекту може стати різним в залежності від їхньої наполегливості.

Важливість роботи душі

Робота душі відрізняється в залежності від того, чим ми заповнюємо механізм пам'яті. Люди бачать, чують, відчувають та пам'ятають більшість речей кожного дня. Пізніше вони пам'ятають це для того, щоби побудувати плани на майбутнє, поміркувати або побачити різницю між правдою і неправдою.

Тіло – це наче посудина, яка вміщає у себе дух і душу. Душа відіграє важливу роль у формування характеру людини, особистості і стандартів судження завдяки функції «розмірковування». Успіх людини або її невдача надто залежить від роботи душі.

Цей випадок відбувся у 1920 році у невеличкому селі Кодамурі, що знаходиться на відстані 110 кілометрів південно-західніше від Калкути, в Індії. Пастор Сінгх та його дружина були там місіонерами. Від місцевих жителів вони чули про монстрів, схожих на людей, які живуть з вовками у печері. Коли пастор Сінгх піймав монстрів, ними виявилися дві маленькі дівчинки.

Зі спогадів, записаних пастором Сінгхом у особистому щоденнику, відомо, що дівчинки лише зовнішнім виглядом були схожими на людей. Адже поводили вони себе абсолютно так, як вовки. Скоро одна дівчинка померла, а інша, яку назвали Гамара дожила у подружжя Сінгх до дев'яти років і померла від отруєння крові, яке називається уремія.

Впродовж дня Гамара сиділа обличчям до стіни у темній кімнаті, не рухаючись, і дрімала. Вночі вона повзала по дому і голосно вила, так що її чули вовки на відстані. Вона лизала їжу, не користуючись руками. Вона «бігала» на чотирьох «лапах», наче вовк. Якщо до дівчинки наближалися діти, вона скалила зуби, гарчала і відходила.

Подружжя Сінгх намагалися перетворити дівчинку-вовка на нормальну людину, але то було важко. Лише через три роки вона почала їсти за допомогою рук, а через п'ять років на її обличчі почали з'являтися вирази смутку або радості. До моменту смерті Гамара могла проявляти прості емоції, схожі на те, як собака махає хвостом, висловлюючи радість, коли зустрічає своїх господарів, що повернулися додому.

Ця історія говорить нам про те, що душа людини має прямий вплив на те, щоби зробити людей людьми. Гамара росла, спостерігаючи за поведінкою вовків. Оскільки вона не могла застосувати знання, необхідне для людей, її душа не розвивалася. Оскільки дівчинку виховували вовки, вона поводила себе так, як і вони.

Різниця між людьми і тваринами

Люди складаються з духу, душі і тіла, найважливішим серед яких є дух. Дух людині дає Бог, котрий є дух, і він ніколи не згасне. Тіло помирає і повертається у жменю земного пороху, але дух і душа залишаються і потрапляють на небо або у пекло.

Створивши звірів, Бог не вдихнув у них дихання життя, як у людей, тож звірі складаються лише з тіла і душі. Звірі також мають пам'ять. Вони здатні запам'ятати почуте і побачене колись у своєму житті. Але оскільки вони не мають духу, вони не мають духовного серця. Те, що вони чують і бачать, зберігається у пам'яті клітин мозку.

У Книзі Екклезіяста 3:21 написано: «Хто те знає, чи дух людських синів підіймається вгору, і чи спускається вділ до землі дух скотини?» У цьому вірші сказано: «дух людських синів». Слово «дух», що означає душу людини, тут використано тому, що у часи Старого Заповіту, до приходу Ісуса на землю, дух, котрий мали люди, був «мертвий». Отже, незалежно від того, отримали вони спасіння, чи ні, написано, що після смерті їхній «дух» або «душа» залишали їх. Душа людина, яка «підіймається вгору», означає, що їхня душа не зникає, а потрапляє на небеса, або у пекло. З іншого боку душа звірів спускається вділ, тобто згасає. Клітини мозку вмирають разом із твариною, і все, що перебувало у мозку, також перестає існувати. Будь-яка діяльність душі припиняється. У деяких міфах та оповіданнях чорні коти або змії мстять людям, але такі оповідання не треба вважати правдою.

У тварин відбувається діяльність душі, але вона обмежена і забезпечує лише необхідне для виживання. Це результат діяльності інстинкту. Звірі на рівні інстинкту мають страх смерті. Вони можуть чинити опір або являти страх коли налякані, але ніколи не мстять. Звірі не мають духу, тож вони не можуть шукати Бога. Чи буде риба думати про те, як зустріти Бога, коли плаває у воді? Однак люди мають абсолютно інший вимір душі, набагато складніший від того, який мають тварини. Люди мають здатність думати про речі, які не пов'язані з інстинктами виживання. Вони можуть розвивати цілі цивілізації, міркувати про сенс життя, або розвивати філософську та релігійну думку.

Люди мають діяльність душі у вищому вимірі тому що окрім свого тіла і душі вони також наділені духом. Навіть ті люди, які не вірять в Бога, мають дух. Це пояснює у деякій мірі те, як вони можуть неясно відчувати духовне царство і бояться життя після смерті. Маючи мертвий дух вони перебувають під повним контролем своєї душі. Перебуваючи під контролем своєї душі, вони грішать і зрештою потрапляють у пекло.

Людина душі

Коли був створений Адам, він був духовною істотою, яка спілкувалася з Богом. Тобто його дух був його господарем і душа була наче слуга, і корилася своєму духові. Звичайно, навіть тоді душа здатна пам'ятати і міркувати, але оскільки у людини не було неправди і лихих думок, душа лише виконувала вказівки духу, котрий корився Божому Слову.

Але після того, як Адам їв з дерева знання добра і зла, і його дух помер, він став людиною душі, яку почав контролювати сатана. В Адама почали виникати думки і справи неправди. Тепер люди надто віддалилися від істини, бо сатана управляв їхньою душею і вів їх до шляху неправди. Тому люди душі – це ті, чий дух помер, і вони не можуть отримати від Бога жодних знань духу.

Люди душі, чий дух помер, не можуть отримати спасіння. Так відбулося з Ананією і Сапфірою у земній церкві. Вони вірили в Бога, але не мали істинної віри. Сатана спровокував їх збрехати Святому Духові і Богу. Що з ними сталося?

У Книзі Дії 5:4-5 написано: «Хіба те, що ти мав, не твоє все було, а продане не в твоїй владі було? Чого ж в серце своє ти цю справу поклав? Ти не людям неправду сказав, але Богові! Як Ананій зачув ці слова, то впав та й умер... І обгорнув жах великий усіх, що це чули!»

Оскільки сказано лише, що він „впав та й умер", ми можемо зробити висновок, що він не отримав спасіння. І навпаки, Степан був людиною духу, корився Божій волі. Він мав велику любов, так що молився за тих, хто побивав його каменями. Він віддав свій «дух» у руки Господа, коли загинув мученицькою смертю.

У Книзі Дії 7:59 написано: «І побивали камінням

Степана, що молився й казав: Господи Ісусе, прийми духа мого!...» Він отримав Святого Духа, прийнявши Ісуса Христа, і його дух відновився, тому він молився: «Прийми духа мого!» Це означає, що він отримав спасіння. Існує також вірш, у якому говориться «життя» замість «душа» або «дух». Коли Ілля воскресив сина вдови із Сарепти, написано, що життя повернулося до дитини. «І вислухав Господь голоса Іллі, і вернулася душа дитини в неї, і вона ожила...» (1 Книга Царів 17:22).

Як написано, у часи Старого Заповіту люди не отримували Святий Дух і їхній дух не міг відновитися. Тому в Біблії не написано «дух», незважаючи на те, що дитину було врятовано.

Чому Бог наказав знищити всіх амаликитян?

Коли сини Ізраїльського народу вийшли з Єгипту і прямували до ханаанського Краю, їх перестріла армія амаликитян. Вони не боялися Бога, Котрий був разом із синами народу Ізраїлевого, навіть почувши про могутні справи Бога, явлені в Єгипті. Вони напали на синів Ізраїлю і побили всіх задніх ослаблених, коли вони були змучені та струджені (Книга Повторення Закону 25:17-18).

Через це Бог наказав Царю Саулу знищити амаликитян (1 Книга Самуїлова, глава 15). Бог наказав йому вбити всіх чоловіків, жінок і дітей, молодих і старих, та навіть худобу.

Якщо ми не розуміємо духа, ми не можемо зрозуміти цей

наказ. Дехто може здивуватися: «Бог – це добро і любов. Чому він наказав жорстоко вбити людей, ніби вони були тваринами?»

Але якщо ви розумієте духовне значення цього випадку, тоді ви можете зрозуміти чому Бог дав такий наказ. Звірі також мають пам'ять. Тож коли їх привчають, вони запам'ятовують і слухаються свого господаря. Але оскільки вони не мають духа, після смерті вони перетворяться на жменьку пороху земного. В очах Бога вони не мають цінності. Так само люди, чий дух мертвий, які не можуть отримати спасіння, потраплять у пекло, і подібно до бездуховних тварин вони не мають цінності в очах Бога.

Особливо амаликитяни були хитрі і жорстокі. Незалежно від того, наскільки більше часу їм було би відведено, вони більше не мали шансу покаятися, ніж на початку. Якби серед них був хтось праведний або хто мав можливість покаятися або позбутися своїх гріхів, Бог спробував би врятувати їх будь-яким способом. Пам'ятайте обітницю Бога, що Він не знищив би сповнених гріхом Содом і Гоморру якби там було лише десять праведників.

Бог сповнений благодаті, Він повільний на гнів. Але ті амаликитяни не мали жодного шансу отримати спасіння скільки б часу їм не було надано. Вони були не пшеницею, але половою, яка має бути знищена. Тому Бог наказав знищити всіх амаликитян, які протистояли Богові.

У Книзі Екклезіяста 3:18 написано: «Я сказав був у серці своєму: Це для людських синів, щоб Бог випробовував їх, і щоб бачити їм, що вони як ті звірі». Коли Бог перевірив їх, вони нічим не відрізнялися від звірів. Люди, чий дух мертвий, живуть маючи лише душу і тіло, отже поводяться як звірі. Звичайно, у цьому світі, сповненому гріха є багато людей, які навіть гірші від звірів. Очевидно, вони не можуть отримати спасіння. З одного боку звірі просто помирають. З іншого боку, якщо люди не отримують спасіння, вони потрапляють до пекла. Зрештою, вони навіть гірші за звірів.

2. Різноманітна робота душі у фізичному просторі

Господарем першої людини був дух, але внаслідок гріхопадіння Адама його дух помер. Духовна сила почала витікати, а замінила її тілесна енергія. Відтоді розпочалася робота душі, яка належить неправді.

Існує два види роботи душі. Один належить тілу, а інший духу. Коли Адам був живим духом, Бог безпосередньо наповнював його лише істиною. Таким способом він мав лише роботу душі, яка належала духу. Тобто та робота душі належала істині. Але коли дух помер, почалася робота душі, що належить неправді.

В Євангелії від Луки 4:6 написано: «І диявол сказав Йому: Я дам Тобі всю оцю владу та їхню славу, бо мені це передане, і я даю, кому хочу, її». Це відбулося тоді, коли диявол випробовував Ісуса. Диявол сказав, що влада була йому передана, тож він не мав її від початку. Адам був створений паном над усіма створіннями, але він став рабом диявола, бо скорився гріху. Тому влада Адама була передана дияволові і сатані. Відтоді душа стала господинею людини, і всіма людьми почав управляти ворог, сатана і диявол.

Сатана не може управляти духом праведного серця людини. Він управляє душею людини, забираючи її серце. Сатана вкладає різноманітну неправду у думки людей. Чим більше він захопить душу людини, тим більше він зможе управляти її серцем.

Коли Адам був живим духом, він мав лише знання істини, а отже його серце було духом. Але оскільки спілкування з Богом роз'єдналося, йому вже не поступало знання істини або духовна енергія. Замість того він прийняв знання неправди, які давав йому сатана через душу. Це знання неправди вийшло із серця неправди, що в серці людини.

Зруйнуйте роботу душі, яка належить тілу

Чи говорили ви колись або робили щось не подумавши? При цьому ви вважали, що ніколи не зможете такого сказати або зробити. Це відбувається тому, що людьми управляє їхня душа. Оскільки душа покриває дух, наш дух може бути дієвим лише якщо ми зупинимо роботу душі, яка належить тілу. Тоді як ми можемо зруйнувати роботу душі, яка належить тілу? Найголовнішим є те, що ми маємо визнати той факт, що наші знання та думки є неправильними. Лише тоді ми будемо готові прийняти Слово істини, яке відрізняється від наших власних думок.

Ісус використовував притчі для того, щоби зруйнувати неправильні думки людей (Євангеліє від Матвія 13:34). Вони не розуміли духовного, бо їхнє зерно життя було задушене душею, отже Ісус намагався пояснити їм через притчі, наводячи приклади із земного життя. Але ні фарисеї, ані учні не зрозуміли Ісуса. Вони тлумачили все покладаючись на норми власних сталих ідей, тілесних думок неправди, а отже вони не розуміли нічого духовного.

Законники, які жили у той час, засудили Ісуса за те, що Він зцілив хвору людину у суботу. Якщо підключити здоровий глузд, ви побачите, що Ісус – людина, яку визнав і любить Бог, бо Він явив силу, яку міг явити лише Бог. Але законники не могли зрозуміти Боже серце через традиції старших та через розумові рамки. Ісус намагався дати їм зрозуміти, що їхні думки є неправильними, направленими на задоволення власних уявлень.

В Євангелії від Луки 13:15-16 написано: «А Господь відповів і промовив до нього: Лицеміре, хіба ж не відв'язує кожен із вас у суботу свого вола чи осла від ясел, і не веде напоїти? Чи ж цю дочку Авраамову, яку сатана був зв'язав вісімнадцять ось років, не належить звільнити її суботнього дня від цих пут?»

Коли Ісус промовив ці слова, всі Його опоненти були принижені; і весь натовп радів з нагоди всіх славетних вчинків, які явив Ісус. Насправді, вони мали можливість зрозуміти свої неправильні розумові рамки. Ісус намагався зруйнувати думки людей, щоби вони відкрили своє серце лише коли розіб'ються вщент їхні думки.

Давайте прочитаємо Об'явлення 3:20, де написано:

«Ось Я стою під дверима та стукаю: коли хто почує Мій голос і двері відчинить, Я до нього ввійду, і буду вечеряти з ним, а він зо Мною».

У цьому вірші «двері» символізують брами наших думок, тобто «душу». Господь стукає у двері наших думок Словом істини. У цей момент якщо ми відкриємо двері своїх думок, тобто якщо ми зруйнуємо свою душу і приймемо Слово Господа, двері нашого серця відкриються. Таким чином, коли Його Слово входить у наше серце, ми починаємо застосовувати на практиці Боже Слово. Це означає «вечеряти» з Господом. Якщо ми просто приймаємо Його Слово, промовляючи «Амінь», навіть якщо Його Слово не узгоджується з вашими думками або теоріями, тоді ми можемо здолати неправедну роботу своєї душі.

Як говорилося вище, спочатку ми повинні відчинити двері своїх думок, а потім двері свого серця, так щоби Євангеліє могло досягти зерна життя, оточеного душею людини. Це схоже на гостя, який прийшов у чужий дім. Для того, щоби гість зустрівся з хазяїном дому, йому необхідно відчинити брами, увійти у двір, потім відчинити двері ґанку, щоби увійти у вітальню.

Існує багато способів зруйнувати роботу душі, яка

належить тілу. Щоби дати людям можливість відкрити двері своїх думок і свого серця щоби прийняти Євангеліє, деяким краще дати логічні пояснення, а деяким краще явити силу Бога, або навести алегорії або притчі. Нам також необхідно постійно звільнятися від неправедних дій душі для росту віри людей, які вже прийняли Євангеліє. Є багато віруючих, які не продовжують зростати у вірі і дусі. Це відбувається тому, що вони не мають тривалого духовного розуміння внаслідок роботи їхньої душі, яка належить тілу.

Утворення спогадів

Для того, щоби ми чинили бажані дії душі, нам необхідно знати, як отримані нами знання утримуються у нашій пам'яті. Інколи ми чітко бачимо або чуємо щось, але пізніше ледве можемо пригадати. І навпаки, ми пам'ятаємо щось так чітко, що не можемо забути це навіть через довгий час. Ця відмінність походить від способу входження інформації у нашу систему пам'яті.

Перший спосіб входу у пам'ять – це просто помітити ненавмисно. Ми чуємо або бачимо щось, але зовсім не звертаємо на це уваги. Припустимо, ви повертаєтеся у своє рідне місто на поїзді. Ви бачите поля пшениці та інших сільськогосподарських культур. Але якщо ви заклопотані іншими думками, коли ви дістанетеся свого міста, ви не зможете пригадати, що саме ви бачили із вікна вагона. Також якщо студенти мріють під час занять, вони не можуть пригадати матеріал уроку.

По-друге, існує тимчасова пам'ять. Коли ви бачите поля пшениці із вікна вагону, ви можете пов'язати побачене зі своїми батьками. Ви думаєте про свого батька, який займається сільським господарством, коли дивитесь на поля, а пізніше ви ледве зможете пригадати побачене вами. Також у класі студенти можуть лише тимчасово запам'ятати те, що розповідає учитель. Вони можуть пам'ятати почуте саме після завершення уроку, але забудуть все через пару днів.

Третій спосіб – насадити пам'ять. Якщо ви також фермер, побачивши поля пшениці та інших сільськогосподарських культур, ви звернете увагу на те, що бачите. Ви уважно розглядатимете, чи добре дбають за полями, або як побудовано теплиці, і захочете зробити так само і у своєму господарстві. Ви звернете увагу на це і добре збережете у своїй пам'яті, так що пам'ятатимете подробиці навіть після того, як приїдете у своє місто. Також, припустимо, на уроці вчитель говорить: «Після цього уроку ми напишемо контрольну роботу. За кожну неправильну відповідь у вас буде відраховано по п'ять балів». Тоді учні, напевно, спробують зосередитися і запам'ятати все у класі. Така пам'ять триватиме порівняно довше, ніж інші її види.

Четверте, це насадити у розумі і у серці. Припустимо, ви дивитеся сумний фільм. Ви співчуваєте актору, уявляєте себе учасником розповіді і багато плачете. У такому випадку історія залишиться не лише у вашій пам'яті, але також у вашому серці. Тобто вона проникає з емоціями у ваше серце, так само, як пам'ять у клітини вашого мозку. Те, що потрапляє у пам'ять і у серце, залишиться там, якщо клітини мозку не будуть пошкоджені. Також навіть якщо мозок буде ушкоджено, те, що в серці, залишиться.

Якщо маленька дитина стала очевидцем загибелі своєї матусі в автокатастрофі, вона буде надто шокована. У такому випадку це видовище і почуття смутку опанують її серце. Це закарбується у пам'яті і в серці дитини, так що важко буде це забути. Ми розглянули чотири способи запам'ятовування. Якщо ми все добре зрозуміли, це допоможе нам управляти роботою душі.

Те, що би ви хотіли забути, але постійно пам'ятаєте

Інколи нам постійно нагадують про те, що нам не хочеться пам'ятати. У чому причина? Тому що це міцно насадилося у нашому розумі і серці разом з емоціями.

Припустимо, ви когось ненавидите. Кожного разу, коли ви думаєте про ту людину, ви страждаєте через свою ненависть. У такому випадку ви спершу повинні думати про Боже Слово. Бог наказав нам любити навіть своїх ворогів, а Ісус молився про прощення тих, хто розпинав Його. Бог бажає, щоби ми мали добро і любов у своєму серці. Отже ми повинні позбутися неправедного серця, яке дав нам наш ворог, диявол і сатана.

У більшості випадків якщо ми розглянемо основну причину, ми зрозуміємо, що ми ненавидимо інших за якісь дрібниці. Завдяки 1 Посланню до коринтян 13 ми розуміємо, що означає не коритися Божому Слову, якщо ми розмірковуємо про себе, бо там написано, що ми повинні шукати вигоди для інших, бути лагідними і розуміти інших людей. Коли ми розуміємо, що чинимо неправедно, ненависть у нашому серці може поступово розтанути. Якщо ми відчуваємо добро і ставимо його на перше місце, ми не повинні потерпати від лихих думок. Навіть якщо люди роблять щось таке, що вам не подобається, ви не матимете ненависті до них, тому що ви перетворили свої почуття на добрі, думаючи так: «Напевно, вони мають причину».

Ми повинні знати, що саме входить разом з неправдою

Отже, що ми маємо робити з неправдою, яку ми вже маємо разом із неправедними почуттями?

Якщо дещо посаджене у глибині вашого серця, ви згадуватимете про це несвідомо. У такому випадку ми повинні поміняти свої почуття. Замість того, щоби намагатися не думати про це, змініть свої думки. Наприклад, ви можете змінити свої думки про людину, яку ви ненавидите. Ви можете почати думати ніби з точки зору тієї людини і намагатися зрозуміти, що вона могла так вчинити в тій ситуації.

Ви також можете також подумати про добрі якості тієї людини і помолитися за неї. Намагаючись поговорити з нею, використовуючи теплі і втішні слова, подарувати їй невеличкі подарунки і вчинити справи любові, тоді почуття ненависті стануть почуттями любові. Тоді ви більше не страждатимете, думаючи про ту людину.

Перед тим, як я прийняв Господа, я пролежав сім років у ліжку і ненавидів багатьох людей. Я не міг вилікуватись і втратив надію на життя. Борги накопичувались, і моя сім'я майже розпалася. Дружина повинна була заробляти на життя, а родичі не бажали спілкуватися з нами, бо ми були для них тяжкою ношею.

Добрі стосунки між братами також зникли. У той період я думав лише про свою важку ситуацію і ображався на родичів за те, що залишили мене. Я мав зуб на свою дружину, яка часто пакувала речі і йшла від мене, а також на її родичів, які ображали мене неприємними словами. Щоразу, коли я бачив їхні погляди, повні зневаги, моя ненависть і обурення ставали ще більшими. Але одного дня все те незадоволення і ненависть зникли.

Коли я прийняв Господа і почув Боже Слово, я зрозумів свою провину. Бог наказує нам любити навіть своїх ворогів, Він віддав Свого єдиного Сина у жертву спокути за нас. Але якою людиною був я, якщо обурювався і не міг стримати незадоволення! Я вирішив поставити себе на їхнє місце. Припустимо, у мене є сестра, яка зустріла чоловіка-інваліда. Вона повинна тяжко працювати, щоби заробити на життя.

Що думати у такій ситуації? Коли я почав міркувати, поставивши себе на їхнє місце, я зрозумів їх, зрозумів, що я був винний в усьому.

Коли я змінив свої думки, я був вдячний родичам своєї дружини. Інколи вони давали нам трохи рису та інші необхідні речі, і я був вдячний їм за це. Також завдяки тим важким часам я прийняв Господа і дізнався про небеса, отже я також був вдячний за це. Коли я змінив свої думки, я був вдячний за свою хворобу і за те, що зустрів свою дружину. Вся моя ненависть перетворилася на любов.

Робота душі, що належить неправді

Якщо робота вашої душі належить неправді, ви можете завдати шкоди не лише собі, але також людям, які оточують вас. Отже давайте тепер розглянемо звичайні випадки роботи душі, яка належить неправді, які ми можемо легко побачити у своєму повсякденному житті.

Перше: нерозуміння з боку інших людей і неможливість зрозуміти або прийняти інших людей.

Люди розвивають різні смаки, цінності і концепції правильних вчинків. Деякі люди полюбляють яскравий унікальний дизайн свого одягу, тоді як інші люблять простий охайний одяг. Навіть одну і ту ж кінострічку деякі люди вважають цікавою, а інші – набридливою.

Завдяки цим відмінностям у нас з'явилися незатишні почуття щодо інших людей, які надто відрізняються від нас, що неможливо не помітити. Одна людина має яскраву і відкриту особистість і відкрито говорить про свою нелюбов. Інша людина не виражає свої почуття надто добре, їй необхідно багато часу, щоби прийняти рішення, тому що вона детально розмірковує про всі можливості. З одного боку перша особа вважає іншу повільною і не надто спритною. З іншого боку друга особа вважає першу трохи агресивною і бажає уникати її.

Як в алегорії: це робота душі, що належить неправді, якщо ви не можете зрозуміти і прийняти інших людей. Якщо ми любимо лише те, що нам подобається, якщо ми думаємо лише про те, що є правильним з нашої точки зору, тоді ми насправді не можемо зрозуміти і прийняти інших людей.

Друге: засудження.

Засуджувати означає мати висновок про людину або подію, покладаючись на власні рамки думок або почуттів. У деяких країнах вважається невихованим сякатися за обіднім столом. А в інших країнах це вважається нормальним. У деяких країнах вважається неввічливим даремно витрачати харчі, тоді як в інших країнах це прийнято і навіть вважається жестом ввічливості залишити трохи їжі.

Один чоловік, побачивши, як інший їсть руками, запитав, чи не вважається це негігієнічним. На що інший чоловік відповів: «Я вимив руки, отже впевнений, що це гігієнічно. Але я не впевнений у чистоті цієї виделки і ножа. Отже мої руки гігієнічніші». Відповідно до того, в якому середовищі ми виросли, чому навчилися, наші думки і почуття відрізнятимуться навіть в одній і тій самій ситуації. Тому ми не повинні судити що правильно, а що неправильно покладаючись на людські стандарти, які не є істиною.

Деякі люди судять інших вважаючи, що ті вчинять так само, як і вони. Брехуни вважають, що інші люди також говорять неправду. Люди, яким подобається розпускати плітки, вважають, що інші робитимуть те саме.

Припустимо, ви бачите чоловіка і жінку, яких ви добре знаєте, разом у готелі. Ви можете подумати так: «Напевно вони живуть в готелі разом. Я думаю, вони по особливому ставляться одне до одного».

Але ви ніколи не зможете дізнатися напевно, чи розмовляли чоловік і жінка у кафе готелю, або раптово зустрілися на вулиці. Якщо ви засуджуватимете і обвинувачуватимете їх, розповідаючи про це іншим, ті двоє можуть зазнати великої несправедливості, незручності або збитків через неправдиві чутки.

Недоречні відповіді також походять із засудження. Якщо ви запитаєте чоловіка, який часто запізнюється на роботу: «О котрій годині ти прийшов сьогодні?», він відповість: «Сьогодні я не запізнився». Ви просто запитали, о котрій годині він прийшов, але він презумптивно подумав, що ви засуджуєте його і відповів абсолютно недоречно.

У 1 Посланні до коринтян 4:5 написано: «Тому не судіть передчасно нічого, аж поки не прийде Господь, що й висвітлить таємниці темряви та виявить задуми сердець, і тоді кожному буде похвала від Бога».

У світі так багато осудження, не лише на рівні однієї людини, але також на рівні цілих родин, суспільства, політики і навіть країн. Таке зло призводить лише до суперечок і приносить нещастя. Люди живуть у просторі надмірного осудження, навіть не розуміючи того. Звичайно, інколи їхні думки можуть бути правильними, але у більшості випадків це не так. Навіть якщо вони праві, саме по собі осудження – це зло, яке заборонив Бог, отже ми не повинні осуджувати.

Третє: обвинувачення.

Люди не лише осуджують інших у своїх думках, але також обвинувачують їх. Деякі люди страждають емоційно через ворожі коментарі про них в Інтернеті. Осудження і обвинувачення часто трапляються у житті. Якщо людина просто пройде повз вас, не привітавшись, ви можете обвинуватити її у тому, що вона навмисно ігнорує вас. Можливо людина вас не впізнала, або замислилася, але ви вже обвинуватили її.

Тому у Посланні Якова 4:11-12 написано:

Не обмовляйте, брати, один одного! Бо хто брата свого

обмовляє або судить брата, той Закона обмовляє та судить Закона. А коли ти Закона осуджуєш, то ти не виконавець Закона, але суддя. Один Законодавець і Суддя, що може спасти й погубити. А ти хто такий, що осуджуєш ближнього?

Осуджувати або обвинувачувати людей – це гордість, ніби ви чините так, як Бог. Такі люди вже осудили себе. Ще більш серйозною проблемою є осудження і обвинувачення духовних речей. Деякі люди осуджують і обвинувачують могутні справи Бога, або Боже провидіння, покладаючись на власні розумові рамки і знання.

Якщо хтось говорить: «Я зцілився від невиліковної хвороби завдяки молитві!», добрі люди, які мають відкрите серце, повірять. Але деякі інші осудять, промовивши: «Чи можна зцілити людину від хвороби за допомогою молитви? Напевно, людині поставили неправильний діагноз, або вона просто думає, що їй стало краще». Інші люди можуть навіть засудити ту людину, сказавши, що вона сказала неправду. Вони осуджують навіть місця із Біблії, де розповідається про те, як Червоне море розділилося, сонце і місяць завмерли, а гірка вода перетворилася на солодку, стверджуючи, що то лише вигадки.

Деякі люди говорять, що вірять в Бога, однак засуджують роботу Святого Духа. Якщо людина говорить, що її духовні очі відкрилися і тепер вона бачить духовне царство, або що вона спілкується з Богом, ті люди необережно говорять, що вона помиляється, і що то містицизм. Про такі справи розповідається в Біблії, але вони заперечують це, покладаючись на рамки власних вірувань.

За часів Ісуса таких людей було багато. Коли Ісус вздоровив хворого у суботу, люди повинні були зосередити свою увагу на тому, що через Ісуса була явлена Божа сила. Якби це не відповідало Божій волі, Ісус від самого початку не зміг би виконати ту роботу. Але фарисеї осудили і обвинуватили Ісуса, Божого Сина, поклавшись на свої поняття і рамки свого розуму. Якщо ви осуджуєте Божі справи, навіть якщо це відбувається тому, що ви добре не знаєте істину, це все одно є смертним гріхом. Ви повинні бути дуже обережними, тому що ви не матимете шансу покаятися, якщо чинитимете опір, говоритимете проти або будете ганьбити Святий Дух.

Четверта справа душі у неправді у тому, щоби розповсюджувати неправильне або помилкове послання.

Коли ми розповсюджуємо послання, ми маємо тенденцію вкладати свої власні почуття і думки. Таким чином послання спотворюється. Навіть якщо ми говоримо про одне і те саме послання, початкове значення може змінитися в залежності від виразу обличчя і тону голосу. Наприклад, навіть коли ми кличемо людей однаково, наприклад, говорячи «Гей!», але у першому випадку м'яко, по-дружньому, а в іншому – грубо і сердито, то слово матиме абсолютно різне значення. Крім того, якщо ми не можемо передати одні і ті саме слова, але замінюємо їх власними словами, оригінальне значення часто спотворюється.

Ми можемо знайти ці приклади у своєму повсякденному житті, як перебільшення, так і скорочення того, що було сказано. Інколи зміст повністю змінюється. «Невже це правда?» перетворюється на «Це правда, чи не так?», а «Ми плануємо...» або «Ми могли б...» перетворюється на «Здається, ми збираємося...»

Але якщо ми маємо правдиве серце, ми не будемо перекручувати факти, покладаючись на власний хід думки. Ми зможемо передати послання точніше в залежності від того, як ми позбудемося лихого серця і характеру, як, наприклад, шукати власної вигоди, не намагатися говорити правильно, засуджувати інших і погано говорити про інших людей. Починаючи з Євангелія від Івана 21:18 написано Слово Господа Ісуса про мученицьку смерть Петра. Там написано: «Поправді, поправді кажу Я тобі: Коли був ти молодший, то ти сам підперізувався, і ходив, куди ти бажав. А коли постарієш, свої руки простягнеш, і інший тебе підпереже, і поведе, куди не захочеш...»

Тоді Петрові стало цікаво дізнатися про Івана і він запитав: «Господи, цей же що?» (вірш 21) Ісус відповів: «Якщо Я схотів, щоб він позостався, аж поки прийду, що до того тобі? Ти йди за Мною!» (вірш 22). Як ви думаєте це послання передалося іншим учням? В Біблії говориться про те, що вони сказали, що той учень не помре. Ісус мав на увазі, що то було не Петровою справою турбуватися щодо

Івана навіть якби Івана дожив до часу повернення Ісуса. Але учні донесли абсолютно помилкове послання, додавши свої власні думки.

П'яте: негативні емоції або важкі почуття.

Оскільки ми маємо тілесні, погані почуття, такі як розчарування, вразливість через гордість, ревнивість, роздратування і ворожість, ми відчуваємо, як вони чинять неправдиві вчинки душі. Навіть на одне і те саме почуте слово наша реакція може бути різною в залежності від наших почуттів.

Припустимо, начальник говорить своїм робітникам: «Ви можете працювати краще?», вказуючи на помилку. У такій ситуації деякі люди сприймуть ці слова з недобрим серцем і посмішкою, промовивши: «Так, наступного разу я працюватиму краще». Але робітники, які скаржаться на начальника, ймовірно, мають важкі почуття або образилися на зауваження. Вони можуть подумати: «Чи варто говорити у такій поганій манері?», або «Краще б подивився на себе. Він навіть свою роботу не робить як слід».

Або начальник дає вам пораду: «Думаю, буде краще, якщо ви виправите цю частину таким чином». Дехто з вас прийме ці слова, промовивши: «Це також гарна ідея. Дякую за пораду», і візьме її до уваги. Але деякі люди у такій ситуації почуваються незручно, бо зачепили їхню гордість. Через ці погані почуття вони інколи нарікають, думаючи так:

«Я зробив все можливе, щоби добре виконати цю роботу, тож як він може так легко говорити такі слова? Якщо він такий умілий, чому він не виконає цю роботу сам?»

В Біблії ми читаємо про те, як Ісус докоряє Петрові (Євангеліє від Матвія 16:23). Коли прийшов час Ісусові взяти Свій хрест, Він дозволив Своїм учням дізнатися про те, що має відбутися. Петро не хотів, щоби Його учитель так сильно страждав, тому промовив: «Змилуйся, Господи, такого Тобі хай не буде!» (вірш 22).

У той час Ісус не намагався заспокоїти його, промовивши: «Я розумію твої почуття. Дякую за це. Але мені треба йти». Але замість того Він докорив йому, промовивши: «Відступися від Мене, сатано, ти спокуса Мені, бо думаєш не про Боже, а про людське!» (вірш 23).

Оскільки шлях спасіння відкрився для грішників лише тоді, коли Ісус постраждав на хресті, зупинити це було тим самим, що зупинити Боже провидіння. Але Петро на мав жодних поганих почуттів або нарікань на Ісуса, тому що вірив: кожне слово Ісуса мало певне значення. Маючи таке добре серце Петро пізніше став апостолом, який являв дивовижну силу Бога.

А що сталося з Юдою Іскаріотським? В Євангелії від Матвія 26 Марія із Віфанії вилила пляшечку дорогоцінного мира на Ісуса. Юда вирішив, що то марнотратство. Він промовив: «Бо дорого можна було б це продати, і віддати убогим» (вірш 9). Але він насправді бажав вкрасти гроші.

Тут Ісус похвалив Марію за її вчинок, який був частиною Божого плану, бо готував Ісуса до поховання. Проте Ісус мав погані почуття і нарікав на Ісуса, тому що Ісус не звернув уваги на його слова. Зрештою, він вчинив великий гріх, задумавши зрадити Ісуса за гроші.

У наш час справи людської душі далекі від істини. Але навіть якщо ми бачимо щось, ми не матимемо жодної діяльності душі якщо не матимемо жодних почуттів щодо цього. Якщо ми бачимо щось, ми маємо просто зупинитися на рівні бачення. Ми не повинні покладатися на власні думки, щоби зробити висновок або осудити, бо то є гріх. Щоби триматися правди краще не бачити і не чути нічого, що стосується неправди. Але навіть якщо ми повинні вступити у контакт з неправдою, ми все-таки можемо триматися доброти, якщо матимемо добрі думки і почуття.

3. Темрява

Сатана має таку саме силу темряви, як і люципер, і провокує людей на лихі думки, лиху сутність і лихі вчинки

Насправді, злі духи змушують нас, щоби робота нашої душі не належала істині. Бог дозволив існування світу лихих духів щоби виконати план зрощення людства. Вони панують у повітрі, під час продовження зрощення людства. У Посланні до ефесян 2:2 написано: «...в яких ви колись проживали за звичаєм віку цього, за волею князя, що панує в повітрі, духа, що працює тепер у неслухняних».

Бог дозволив їм управляти потоком темряви доки Бог не припинить зрощення людства.

Лихі духи, які належать темряві, обманюють людей, щоби вони грішили і протистояли Богові. Вони також мають певний порядок. Голова, Люципер, управляє темрявою, даючи накази і контролюючи підлеглі злі духи. Існує багато інших істот, які допомагають Люциперу. Це змії, які володіють реальною силою, а також його анголи (Об'явлення 12:7). Існують також сатана, диявол і демони.

Люципер -- голова світу темряви

Люципер був архангелом, котрий прославляв Бога прекрасним голосом і за допомогою музичних інструментів. Насолоджуючись високим положенням і владою, а також довгий час маючи любов Бога, Люципер став гордим і зрадив Бога. З того моменту його прекрасний вигляд перетворився на потворний. У Книзі пророка Ісаї 14:12 написано: «Як спав ти з небес, о сину зірниці досвітньої, ясная зоре, ти розбився об землю, погромнику людів!»

У наш час, не розуміючи того, люди схожі на Люципера своїми екстраординарними зачісками і макіяжем. Через напрямки і моду світу Люципер управляє розумом і думками людей як він бажає. Зокрема, Люципер надто впливає на створення музичних творів у цьому світі.

Люципер також спонукає людей до гріхів і беззаконня

завдяки сучасних вигод включаючи комп'ютер. Люципер обманює лихих правителів, щоби вони повставали проти Бога. У деяких країнах християнство офіційно переслідується. Все це робиться за спонуканням і підбурюванням Люципера.

Крім того, Люципер спокушає людей різними чарами і магією, приваблює шаманів і чаклунів поклонятися йому. Люципер робить все можливе, щоби привести ще одну душу до пекла і змусити людей чинити опір Богові.

Змії та їхні анголи

Змії діють як господарі злих духів, над якими панує Люципер. Люди вважають, що змій – це вигадана тварина. Але вони дійсно існують у світі злих духів. Вони просто невидимі, бо вони – духовні істоти. У більшості загальних описів зміїв вони зображені з оленячими рогами, демонічними очима і вухами, схожими на вуха рогатої худоби. Ці істоти мають чотири ноги, а їхня шкіра вкрита лускою. Вони дещо схожі на велетенських плазунів.

Змії у час створіння мали довге гарне блискуче пір'я. Вони оточували Божий престол. Вони були улюбленцями Бога, були близько до Бога. Вони мали велику силу і владу, численні херувими підпорядковувалися їм. Але пізніше вони разом із Люципером зрадили Бога, їхні анголи також зіпсувалися і повстали проти Бога. Анголи змій тепер також мають огидну тваринну зовнішність. Вони мають силу у повітрі разом із зміями і приводять людей до гріхів і зла.

Звичайно, Люципер знаходиться на вершині світу злих духів, але у практичному розумінні він дав владу зміям і їхнім анголам боротися з духовними істотами, які належать Богові, і управляти у повітрі. Здавна змії спокушали людей, щоби вони робили собі або вирізали образи або подоби зміїв і поклонялися їм. У наш час деякі релігії відкрито боготворять зміїв і поклоняються їм. Цими людьми управляють змії.

У Книзі Об'явлення 12:7-9 розповідається про зміїв та їхніх анголів:

І сталась на небі війна: Михаїл та його Анголи вчинили зо змієм війну. І змій воював та його анголи, та не втрималися, і вже не знайшлося їм місця на небі. І скинений був змій великий, вуж стародавній, що зветься диявол і сатана, що зводить усесвіт, і скинений був він додолу, а з ним і його анголи були скинені.

Змії провокують лихих людей через своїх анголів. Такі лихі люди не стримуватимуться навіть у скоєнні таких жахливих злочинів як убивство і торгівля людьми. Анголи зміїв за формою нагадують тварин, які згадуються у Книзі Левит, як огидні для Бога. Зло відкриється у різних формах в залежності від виду тварини, бо кожна тварина має різний характер: жорстокість, хитрість, мерзота і випадкові статеві зносини.

Люципер діє через зміїв, а їхні анголи діють відповідно до наказів зміїв. Якщо для порівняння взяти державу, тоді Люципер буде королем, а змії – прем'єр-міністром або головнокомандуючим армії, який вчиняє адміністративний контроль над міністрами і солдатами. Коли змії діють, вони не отримують прямого наказу від Люципера кожного разу. Люципер вже посадив свої думки у зміїв, тому якщо змії щось роблять, це автоматично відповідає бажанням Люципера.

Сатана має серце і силу Люципера

Злі духи здатні впливати на людей в залежності від того, наскільки їхні серця забруднені темрявою, але від початку демони або диявол не провокують людей. По-перше, на людей впливає сатана, а вже потім диявол і демони. Простіше кажучи, сатана є серцем Люципера. Він не має матеріальної форми, а завжди діє через думки людей. Сатана має силу темряви, яку має Люципер, і це змушує людей мати лихі думки і лихий розум, щоби чинити лихі справи.

Оскільки сатана – це духовна істота (Книга Йова 1:6-7), він діє різними способами відповідно до різних особливостей темряви, які має людина. На тих, хто говорить неправду, він діє своїм духом обману (1 Книга Царів 22:21-23). На тих, хто любить спричиняти розкол і незгоди, він діє таким духом (1 Послання Івана 4:6). На тих, хто любить брудні справи тіла, він діє з нечистим духом (Об'явлення 18:2).

Як говорилося вище, Люципер, змії і сатана мають різні ролі і різний зовнішній вигляд, але вони мають один розум і думки, одну силу для застосування зла на практиці. Тепер давайте розглянемо, як сатана діє на людей.

Сатана – це ніби радіохвилі, які поширюються у повітрі. Він постійно поширює свої думки і силу у повітрі. Саме як можна приймати радіохвилі завдяки налаштованій антені, розум, думки і сила темряви сатани можуть отримати ті люди, які налаштовані їх прийняти. Тут під антеною мається на увазі неправда, темрява, яка існує у серці людей.

Наприклад, природа ненависті може діяти як антена, яка сприймає радіохвилі ненависті, які сатана розповсюджує у повітрі. Сатана дає людині силу темряви через думки людини, щойно радіохвилі темряви, створені сатаною та неправда у серці людини матимуть однакову частоту і зустрінуться. Таким чином серце неправди зміцниться і стане активним. Так людина «отримує роботу сатани», або чує голос сатани.

Чуючи таким чином голос сатани, вони грішитимуть у думках і до того ж грішитимуть у правах. Коли така лиха природа, як ненависть або заздрість підживлюється справами сатани, у них виникне бажання завдавати шкоди іншим. Коли це розвинеться далі, вони навіть можуть вчинити гріх убивства.

Сатана діє через канал мислення

Люди мають серце істини і серце неправди. Коли ми

приймаємо Ісуса Христа і стаємо Божими дітьми, Святий Дух входить у наше серце і спонукає наше серце істини. Це означає, що ми чуємо голос Святого Духа із середини свого серця. І навпаки, сатана діє ззовні, а отже йому необхідно мати канал, через який він зможе проникнути всередину серця людини. Таким каналом є думки людини.

Люди приймають те, що бачать, чують, чого навчаються разом із почуттями і зберігають все це у розумі і в серці. У правильній ситуації або за правильних умов ці спогади відновляться у пам'яті. Це – «думка». Думки бувають різними в залежності від того, які почуття ви мали, коли відкладали щось у своїй пам'яті. Навіть у такій самій ситуації деякі люди відкладають щось у пам'яті лише в залежності від істини, маючи при цьому думки істини, тоді як люди, які відкладають щось у неправді, матимуть неправедні думки.

Більшість людей не знають, що істина – це Боже Слово. Тому вони мають набагато більше неправди, ніж істини у своєму серці. Сатана мотивує і провокує таких людей, щоби вони мали неправедні думки. Це відомо як «тілесні думки». Якщо люди приймають роботу сатани, вони не можуть виконувати Божий закон. Вони стають рабами гріха і зрештою на них чекає смерть (Послання до римлян 6:16, 8:6-7).

Яким чином сатана здобуває контроль над серцями людей?

Як правило, сатана діє ззовні, через канал думок людей, але бувають винятки. Наприклад, в Біблії написано, що сатана приступив до Юди Іскаріотського, одного із дванадцяти апостолів Господа Ісуса. Факт, що сатана «приступив до нього», свідчить про те, що Юда постійно приймав справи сатани і зрештою віддав все своє серце сатані. Таким чином він повністю опинився у полоні сатани.

Юда Іскаріотський відчув дивовижну силу Бога, а йдучи за Ісусом, він отримав вчення із добротою, але оскільки він не позбувся пожадливості, він крав гроші Бога зі скриньки (Євангеліє від Івана 12:6).

Він також мав пожадливість, намагаючись отримати велику повагу і повноваження, коли Месія, Ісус, посяде на престолі на цій землі. Але дійсність була інакшою від очікуваного. Тож одна за одною він дозволив сатані забрати його думки по одній. Зрештою, сатана захопив все його серце. Юда продав свого Учителя за тридцять срібних монет. Коли сатана повністю контролює серце людини, ми говоримо, що в неї увійшов сатана.

У Книзі Дії 5:3 Петро сказав Ананії і Сапфірі, що їхні серця наповнив сатана, вони приховали частину грошей від продажу свого маєтку і сказали неправду Святому Духові.

Петро сказав так тому що раніше відбувалося багато подібних випадків. Тому фраза «сатана увійшов» і «наповнив сатана» означають, що ті люди мають самого сатану у своєму серці і самі стали схожими на сатану. Якщо подивитися духовними очима, сатана схожий на темний туман. Сила темряви, схожої на темний дим, знаходиться навколо тих людей, які значною мірою отримують справи сатани. Щоби отримати справи сатани, ми спершу повинні відрізати всі думки неправди. Крім того, ми повинні вирвати із себе серце неправди. Це означає, що ми повинні видалити антену, яка може приймати «радіохвилі» сатани.

Диявол і демони

Диявол – це частина анголів, позбавлених своїх прав разом із Люципером. На відміну від сатани вони мають певний зовнішній вигляд. Всередині темної фігури вони мають обличчя, очі, ніс, вуха і рот, так як і анголи. Вони також мають руки і ноги. Диявол спонукає людей на вчинення гріхів, посилаючи їм різні випробування.

Але це не означає, що для цього диявол входить у людей. За вказівкою сатани диявол управляє людьми, які віддали своє серце темряві, і змушує їх робити лихі справи, які неприпустимі. Але інколи диявол безпосередньо управляє певними людьми як знаряддям. Людьми, які продали душу дияволові, чаклунами та чародіями, щоби вони діяли як його знаряддя. Вони також змушують інших людей робити справи диявола. Тому в Біблії говориться, що люди, які грішать, належать дияволові (Євангеліє від Івана 8:44; 1 Послання Івана 3:8).

В Євангелії від Івана 6:70 написано: «Відповів їм Ісус: Чи не Дванадцятьох Я вас вибрав? Та один із вас диявол...»

Ісус говорив про Юду Іскаріотського, котрий хотів продати Ісуса. Така людина, яка стала рабом гріха і не має нічого спільного зі спасінням, є сином диявола. Так само, як сатана увійшов в Юду і управляв його серцем, він чинив справи диявола, бажаючи продати Ісуса. Диявол – це ніби керівник середнього класу, котрий отримує вказівки сатани, і управляючи багатьма демонами, він завдає людям багато хвороб і болю, скеровує їх впасти у значно більше зло.

Сатана, диявол і демони мають ієрархію. Вони дуже тісно співпрацюють. По-перше, сатана працює над неправедними думками людей, щоби відкрити шлях для роботи диявола. Далі, диявол продовжує працювати з людьми, щоби вони чинили справи тіла та інші справи диявола. Сатана працює через думки, а диявол змушує людей здійснювати їх на практиці. Крім того, коли лихі справи виходять за певну межу, скоро у ту людину входять демони. Як тільки демони увійшли у людину, вона втрачає свободу волі і стає маріонеткою демонів.

В Біблії говориться про те, що демони – це злі духи, але вони відрізняються від занепалих анголів або Люципера (Псалом 106:37; Книга пророка Ісаї 8:19; Книга Дії 16:16-19; 1 Послання до коринтян 10:20). Демони раніше були людьми, мали дух, душу і тіло. Деякі люди, які живуть на цій землі і помирають не отримавши спасіння, знову приходять у цей світ за певних особливих обставин, у вигляді демонів. Більшість людей не мають чіткого уявлення про світ злих духів. Але злі духи намагаються поставити хоча би ще одну людину на шлях знищення поки не прийшов останній день, визначений Богом.

Тому у 1 Посланні Петра 5:8 написано: «Будьте тверезі, пильнуйте! Ваш супротивник диявол ходить, ричучи, як лев, що шукає пожерти кого». А у Посланні до ефесян 6:12 написано: «Бо ми не маємо боротьби проти крови та тіла, але проти початків, проти влади, проти світоправителів цієї темряви, проти піднебесних духів злоби».

Ми повинні весь час пильнувати, мати тверезий дух, бо ми не можемо нічого вдіяти окрім як стати на шлях смерті, якщо житимемо так, як нас вестиме сила темряви.

Розділ 2
Я

Самовдоволення формується коли нас вчать неправді цього світу, видаючи її за правду. Оскільки самовдоволення укріплюється, створюються розумові рамки. Отже розумові рамки, які формуються – це систематичне затвердіння самовдоволення людини.

Доки не сформується власне «я» людини

Самовдоволення і рамки

Мати роботу душі, яка належить істині

Я щодень умираю

То відбулося перед тим, як я прийняв Господа. Кожен день я боровся зі своєю хворобою, і єдиною розрадою для мене було прочитання романів про бойові мистецтва. У таких романах звичайно розповідається про помсту.

Типовий сюжет такий: коли герой роману був маленьким хлопчиком, його батьків вбили вороги. Він ледве уник різанини, яке вчинив слуга, який працював у домі. Через деякий час він зустрів учителя бойових мистецтв. Тепер він сам стає майстром бойових мистецтв і мститься ворогові за смерть батьків. У таких романах говориться про справедливість і геройство відплати навіть ризикуючи втратити власне життя. Але в Біблії учення Ісуса надто відрізняється від такого земного учення.

В Євангелії від Матвія 5:43-45 Ісус навчає: «Ви чули, що сказано: Люби свого ближнього, і ненавидь свого ворога. А Я вам кажу: Любіть ворогів своїх, благословляйте тих, хто вас проклинає, творіть добро тим, хто ненавидить вас, і моліться за тих, хто вас переслідує, щоб вам бути синами Отця вашого, що на небі, що наказує сходити сонцю Своєму над злими й над добрими, і дощ посилає на праведних і на неправедних».

Я мав добре і чесне життя. Більшість людей говорили, що такій людині як я «не потрібний закон». Однак після того, як я прийняв Господа, я розмірковував про себе з точки зору Божого Слова, яке було проповідане на зборах відродження. Я зрозумів, що у моєму способі життя було багато неправильного. Мені було дуже соромно за себе, бо я зрозумів, що мова, якою я користувався, моя поведінка, мої думки і навіть совість були неправильними. Я щиро покаявся перед Богом, зрозумівши, що моє життя було зовсім неправедним.

Відтоді я зрозумів, що був самовдоволений, покаявся у тому, що мав свої особисті розумові рамки і позбувся їх. Я відрікся від власного «я», яке я створив раніше, зрозумівши, що то є ніщо. Читаючи Біблію, я знову зробив своє «я» відповідним до істини. Я безупинно постив і молився, щоби позбутися неправди. В результаті я відчув, що моя злість пішла від мене, я почав чути голос і отримувати керівництво Святого Духа.

Доки не сформується власне «я» людини

Як люди формують своє серце і встановлюють цінності? Перша причина – спадковість. Діти схожі на своїх батьків. Вони успадковують зовнішність, звички, особливості характеру та інші генетичні характеристики від своїх батьків. В Кореї говорять, що вони отримують «кров своїх батьків». Але насправді це не кров, а життєва енергія, або «чі». «Чі» -- це кристалоїд всієї енергії, яка походить від усього тіла. Я знаю родину, де син має велику родимку над губами. Його мати також мала таку саму родимку, але вона видалила її хірургічним шляхом. І хоча вона видалила родимку, вона все рівно передалася її сину.

Сперматозоїд та яйцеклітина людини несуть у собі життєву енергію. Вони мають інформацію не лише про зовнішній фізичний вигляд, але також про особистість, темперамент, розумові здібності та звички. Якщо «чі» батька було сильнішим у момент зачаття, дитина буде більше схожою на батька. Якщо «чі» матері сильніше, тоді дитина буде більше схожою на матір. Таким чином, серце кожної дитини відрізняється.

Також коли людина зростає і доходить зрілості, вона дізнається про багато речей, і вони також стають частиною поля серця людини. Приблизно з п'ятирічного віку люди починають формувати своє «я» із побаченого, почутого і вивченого. Приблизно у дванадцять років людина формує цінності для стандартів власного судження. Приблизно у вісімнадцять років «я» людини міцнішає. Але проблема полягає у тому, що ми вважаємо багато неправильних речей правильними і пам'ятаємо про них так, ніби вони правильні.

Існує багато неправильного, про що ми дізнаємося живучи у цьому світі. Звичайно, у школі ми дізнаємося про багато речей, які корисні і необхідні для нашого життя, але є дещо, що не є істиною, наприклад, теорія Дарвіна про еволюцію. Коли батьки навчають своїх дітей, вони також навчають дечому неправильному так, ніби то є істина. Припустимо, дитина гуляла надворі і її побив хтось із дітей. У розпачі батьки говорять приблизно таке: «Ти їси тричі на день, так само як інші діти, тож маєш бути сильним. Чому ж тебе побили? Якщо тебе вдарять один раз, вдар у відповідь двічі! Невже у тебе немає рук і ніг як у інших дітей? Тобі треба навчитися дбати про себе».

До дітей ставляться принизливо якщо їх побили їхні товариші. Тож яке сумління розвинеться у такої дитини? Напевно вони відчують себе безглуздими дурнями і що неправильно дозволяти іншим бити себе. Якщо їх вдарять один раз, вони вважатимуть, що мають право вдарити у відповідь двічі. Інакше кажучи, вони вважають правильним те, що таким не є насправді.

Як навчатимуть своїх дітей батьки, які тримаються істини? Вони перевірять ситуацію і навчатимуть своїх дітей у добрі та істині, щоби все було спокійно. Вони промовлять приблизно так: «Любий, спробуй їх зрозуміти. Також подумай, може ти щось зробив не так. Бог говорить, щоби ми перемагали зло добром».

Якщо дітей навчають вирішувати будь-які конфлікти лише за допомогою Божого Слова, вони зможуть розвинути у собі добру совість. Але у більшості випадків батьки вчать своїх дітей за допомогою неправди. Коли батьки говорять неправду, діти роблять те саме. Припустимо, дзвонить телефон і дочка піднімає слухавку. Вона закриває її рукою, щоби її не чули, і говорить: «Тато, дядько Том хоче з тобою поговорити». Тоді батько каже донці: «Скажи, що мене немає вдома».

Перед тим, як покликати батька до телефону, донька запитується у нього, тому що такі випадки часто траплялись раніше. Людей навчають багатьом неправильним речам у дитинстві, тому зрештою вони розвивають свою неправду, осуджуючи спираючись на власні почуття. Так формується неправдива совість.

Крім того, більшість людей егоцентричні. Вони все роблять лише заради власної вигоди, вважаючи себе правими. Якщо наміри та думки інших людей не узгоджуються з їхніми думками, вони вважають інших неправими. Але ті люди у свою чергу думають так само. Дуже важко дійти згоди, якщо всі думають саме так. Те саме трапляється між близькими людьми, між чоловіком і дружиною, між батьками і дітьми. Більшість людей формують своє «я» таким чином, і тому жоден не може наполягати на правоті власного «я».

Самовдоволення і рамки

Багато людей формують стандарти своїх думок і системи цінностей засновуючись на роботі душі, яка належить неправді. Тому вони живуть у межах самовдоволення і власних рамок. Крім того, самовдоволення формується на неправді, яку вони приймають зі світу, вважаючи правдою. Люди, які мають таке самовдоволення, не лише вважатимуть себе правими, покладаючись на власні стандарти, але й у своєму самовдоволенні намагатимуться нав'язати свої погляди і вірування іншим людям.

Коли самовдоволення твердішає, воно стає рамками людини. Інакше кажучи, ці рамки – це систематично встановлювана структура самовдоволення людини. Такі рамки засновуються на особистих якостях, смаках, манері поведінки, принципах і думках кожної людини. У ситуації, коли обидві думки є правильними, якщо ви наполягатимете лише на одній із них, і якщо такий погляд затвердів, він стане вашими рамками. Тоді розвивається прагнення бути більш ввічливим і згодним прийняти думку людей, які мають схожі пріоритети, особистість або переваги. Але є також прагнення бути менш терпимим до тих, хто з вами не погоджується. Це походить від власних рамок.

Такі рамки можуть відкритися у різних формах нашого повсякденного життя. Щойно одружена пара може сперечатися щодо повсякденних речей. Чоловік вважає, що вижимати зубну пасту з дна правильно, а дружина видавлює її, натискаючи тюбик будь-де. Якщо хтось із них буде наполягати на тому, що лише він робить правильно, ймовірніше за все, вони посваряться. Конфлікти виникають із рамок поведінки, які відрізняються від поведінки інших людей.

Припустимо, в компанії є працівник, котрий виконує всю свою роботу самостійно, без допомоги інших. Деякі такі люди мають звичку все робити самостійно, бо виросли у складному оточенні і мали працювати самостійно. Це не тому, що вони гордовиті. Отже, якщо ви звинуватите таку людину у гордовитості або самовдоволенні, це буде неправильно.

У більшості випадків з огляду на істину, самовдоволення і особисті рамки людини є хибними. Вада походить із неправедного серця, яке не служить іншим людям і шукає лише власної вигоди. Навіть віруючі мають самовдоволення і рамки, про які не здогадуються.

Вони думають, що слухають Боже Слово, до якоїсь міри позбулися гріхів і знають істину. Маючи такі знання, вони являють своє самовдоволення. Вони висувають свою думку щодо того, як інші люди живуть у вірі. Вони також порівнюють себе з іншими і вважають себе кращими за інших. Колись вони бачили лише гарні якості в інших людях, але з часом почали мінятися і тепер бачать в інших лише недоліки. Вони наполягають на правильності власних думок, при цьому стверджуючи, що зробили так «для Божого Царства».

Деякі люди розмовляють так, ніби знають все і ніби вони праведники. Вони завжди говорять про недоліки інших людей, осуджуючи їх. Це означає, що вони не бачать власних недоліків, а лише вади інших людей.

Перед тим, як ми повністю змінимося за допомогою істини, всі ми маємо самовдоволення і розвиваємо свої рамки. В залежності від того, скільки зла ми маємо у своєму серці, ми будемо мати роботу душі, яка належить неправді, а не істині. В результаті ми осуджуватимемо інших, покладаючись на власне самовдоволення і рамки. Щоби мати духовний ріст, ми повинні вважати всі свої думки і припущення за ніщо. Ми повинні знищити власне самовдоволення і рамки, замінивши їх на роботу душі, яка належить істині.

Мати роботу душі, яка належить істині

Ми можемо духовно зрости і перетворитися на істинних Божих дітей, якщо змінимо свою роботу душі, яка належить неправді, на роботу душі, яка належить істині. Отже, що ми повинні робити, щоби мати роботу душі, яка належить істині?

По-перше, ми повинні бачити і розрізняти все покладаючись на стандарт істини.

Люди мають різну совість. Стандарти світу також різні в залежності від часу, місця і культури. Навіть якщо ви діяли правильно, люди з іншими цінностями можуть вважати ваші дії неправильними.

Люди формують свої цінності і прийнятні манери у різному середовищі і культурах, тому ми не повинні судити інших, покладаючись на власні стандарти. Єдиним основним стандартом, засновуючись на якому ми можемо відрізнити істину від неправди, є Боже Слово, яке саме по собі є істиною.

Серед речей, які земні люди вважають правильними і порядними, є речі, які узгоджуються з Біблією, але є ще більше речей, які такими бути не можуть. Припустимо, один з ваших друзів скоїв злочин, але несправедливо звинуватили іншу людину. У такому випадку більшість людей вважатиме за нормальне не видавати провину свого друга. Але якщо ви змовчите, знаючи про невинність людини, яку несправедливо звинуватили, Бог ніколи не визнає ваші дії праведними в Своїх очах.

До того, як я повірив у Бога, коли я приходив у гості до когось і мене питали, чи я вже їв, зазвичай я відповідав: «Так, я вже поїв». Я ніколи не думав, що це неправильно, бо я говорив так, аби не завдавати клопоту іншим людям. Але у духовному сенсі це може бути вадою в очах Бога, бо насправді це є неправдою, хоча це і не є гріхом. Зрозумівши це, я почав говорити інакше: «Я не їв, але я не хочу їсти зараз».

Щоби розрізняти все за допомогою істини, ми повинні слухати і вивчати Слово істини, виконувати його і тримати у своєму серці. Ми повинні читати Біблію і позбуватися неправильних стандартів, які сформували, засновуючись на неправді у цьому світі. Незалежно від того, наскільки мудрим є щось у світі, якщо воно протистоїть Божому Слову, ми повинні відкинути це.

По-друге, щоби мати роботу душі, яка належить істині, наші почуття і емоції повинні відповідати істині.

Те, яким чином ми вкладаємо у себе все, відіграє важливу роль, коли ми намагаємося відчувати відповідно до віри. Я бачив матір, яка сварила свого сина, промовляючи: «Якщо ти будеш так робити, пастор сваритиме тебе!» Вона змушує дитину думати, що пастор – це якась страшна людина. Дитина боятиметься пастора і уникатиме його замість того, щоби, зростаючи, бути поряд з ним.

Колись давно я побачив епізод у кіно. Дівчинка дружньо ставилася до слона. А слон своїм хоботом обіймав дівчинку за шию. Одного дня, коли дівчинка спала, до неї підповзла отруйна змія і обкрутилася навкруг шиї. Якби дівчинка знала, що то була отруйна змія, вона би дуже злякалася. Але очі дівчинки були заплющені, вона просто подумала, що то був хобот слона. Тож вона зовсім не здивувалася. Навпаки, вона відчула дружній дотик. Відчуття відрізняються в залежності від думок.

Почуття відрізняються в залежності від наших думок. Люди, які відчувають огиду від вигляду личинок, черв'яків і стоніг, насолоджуються смачною куркою, хоча курки їдять комах. Ми бачимо, як наші почуття залежать від думок. Незалежно від того, яку особу ми бачимо і яку роботу виконуємо, ми повинні мати гарні почуття і думки.

Крім того, щоби ми мали гарні думки і почуття, ми

завжди повинні бачити, чути і вкладати у себе лише гарні речі. Це особливо правда щодо сьогодення, коли ми можемо побачити будь-що у засобах масової інформації та у мережі Інтернет. Зло, жорстокість, насилля, обман, егоцентризм, підступність і зрада панують навкруг нас більше ніж будь-коли в історії. Щоби триматися істини, краще не бачити, не чути, не вкладати це все у себе наскільки можливо. Однак навіть якщо ми мусимо зіткнутися з такими речами, у той час ми можемо вкласти у себе все в істині і доброчинності. «Як?» -- запитаєте ви.

Наприклад, люди, які у дитинстві чули жахливі історії про демонів або вампірів, бояться їх, особливо коли залишаються наодинці у темряві після того, як подивилися фільм жахів. Вони дрижать і бояться, чуючи будь-який дивний звук або побачивши моторошні тіні. Коли вони залишаються одні, може статися щось, що змусить їх відчути шок через страх.

Але якщо ми Живемо у світлі, Бог захищає нас, і злі духи не можуть торкнутися нас. Замість того, вони бояться і тремтять під духовним світлом, яке виходить з нас. Якщо ми розуміємо це, ми можемо змінити свої почуття. Ми розуміємо, що злі духи – не жахливі істоти, тож наші почуття також можуть змінитися. Оскільки ми можемо підкорити світ темряви, навіть якщо демони з'являться, ми можемо просто вигнати їх в ім'я Ісуса Христа.

Давайте розглянемо ще один випадок, коли люди мають неправильні почуття. Близько 20 років тому я паломничав разом із іншими членами церкви. У Греції на стадіоні ми побачили статую оголеного чоловіка. Напис заохочував до тренувань і занять спортом щоби бути здоровими людьми, які є основою здорової нації. Тоді я побачив різницю між туристами із Європи і членами нашої церкви.

Деякі жінки безтурботно фотографувалися на фоні статуї, тоді як деякі з тієї ж туристичної групи помітно червоніли. Вони уникали того місця, ніби побачили таке, чого не повинні були бачити. Вони червоніли тому, що мали перелюбний розум. Вони мали неправильні почуття щодо оголеного тіла, саме таке почуття вони відчули, побачивши статую оголеного чоловіка. Такі люди можуть навіть засудити інших, які близько розглядали статую. Але європейські туристи, здавалося, не відчували збентеження або якогось іншого подібного почуття. Вони розглядали статую як вищий витвір мистецтва.

У такому випадку жоден не повинен осуджувати тих європейських туристів, звинувачуючи їх у безсоромності. Якщо ми розуміємо різні культури і можемо змінювати почуття неправди на почуття правди, ми не повинні бентежитися або соромитися. Адам був голий, коли ще не мав тілесного знання, бо не мав перелюбного розуму, і таке життя було більш прекрасним.

По-третє, щоби мати роботу душі, яка належить істині, ми не повинні приймати все, покладаючись виключно на власну перспективу, але зважати також на погляди інших людей.

Якщо ви приймаєте речі і ситуації, покладаючись лише на власну точку зору, досвід, спосіб мислення, у вас виникне багато неправедної роботи душі. Можливо ви додаватимете або принижуватимете значення слів інших людей, зважаючи на власну думку. Ви можете неправильно зрозуміти, осудити і дати волю поганим почуттям.

Припустимо, людина, яка постраждала під час аварії, скаржиться на біль. Люди, які ніколи в житті не відчували такий сильний біль, або надто терпимі до болю, можуть подумати, що така людина нервує через дрібниці. Якщо ви приймаєте слова інших людей, покладаючись на власну точку зору і досвід, робота вашої душі буде неправедною. Якщо ви спробуєте зрозуміти іншу людину з іншої точки зору, ви зрозумієте її, а також сильний біль, який вона відчуває.

Якщо ви розумієте ситуацію іншої людини і приймаєте її, ви будете у мирі з усіма людьми. Вам не треба буде ненавидіти або відчувати якісь незручності. Навіть якщо ви постраждаєте або потрапите у скрутне становище через іншу людину, якщо ви подумаєте про неї, ви не будете ненавидіти її, але любитимете і зможете простити. Якщо вам відома любов Ісуса, Котрий був розіп'ятий за нас, а також благодать Бога, ви можете любити навіть своїх ворогів. Згадайте історію Степана. Навіть коли його, невинного, побивали каменями до смерті, він не мав ненависті до людей, які те робили, але молився за них.

Але інколи ми можемо подумати, що нелегко мати роботу душі, яка належить істині, як ми того бажаємо. Тому ми завжди повинні пильнувати свої слова і справи і намагатися змінити свою роботу душі, яка належить неправді, на роботу, яка належить істині. Ми можемо мати роботу душі, яка належить істині, за благодаттю і силою Бога, допомогою Святого Духу, якщо молитимемось і продовжуватимемо свої спроби.

Я щодень умираю

Апостол Павло колись переслідував християн, маючи самовдоволення і власні розумові рамки. Але зустрівши Господа, він зрозумів, що самовдоволення і розумові рамки були неправильними, принизив себе настільки, що почав вважати все, що він досі мав, сміттям. Спочатку він відчував боротьбу у своєму серці, зрозумівши, що в ньому жило зло, яке боролося з тим, хто бажав чинити добро (Послання до римлян 7:24).

Але він дав обітницю подяки, віруючи у те, що закон життя і Святий Дух в Ісусі Христі звільнив його від закону гріха і смерті. У Посланні до римлян 7:25 він промовив: «Дякую Богові через Ісуса Христа, Господа нашого. Тому то я сам служу розумом Законові Божому, але тілом закону гріховному...» А у 1 Посланні до коринтян 15:31 він сказав: «Я щодень умираю. Так свідчу, браття, вашою хвалою, що маю її в Христі Ісусі, Господі нашім».

Він сказав: «Щодень умираю». Це означає, що він

обрізав своє серце щоденно. Тобто він позбувся неправди: гордості, відстоювання своїх прав, ненависті, осудження, гніву, зарозумілості і пожадливості. Як говорив апостол, він позбувся їх, борючись із ними навіть до крові. Бог дав йому благодать і силу, і за допомогою Святого Духу він став людиною духу, котрий мав лише роботу душі, яка перебуває в істині. Зрештою він став сильним апостолом, котрий поширював Євангеліє, здійснюючи багато знамен і див.

Розділ 3

Діла тіла

Деякі люди вчиняють гріхи заздрості, ревнощів, засудження і перелюбу у своєму розумі. Вони не проявляються зовні, але ці гріхи вчиняються тому, що мають у собі гріховну властивість.

Тіло і вчинки тіла

Що означають слова «Тіло слабке»

Діла тіла: гріхи, які чиняться у розумі

Пожадливість тілесна

Пожадливість очам

Пиха життєва

Душа людини, яка має мертвий дух, стає її господарем і управляє її тілом. Припустимо, ви хочете пити. Тоді душа наказуватиме рукам взяти склянку і піднести до рота. Але у цю мить, якщо хтось образить і розгніває вас, ви захочете розбити склянку. Яка це робота душі?

Це відбувається коли сатана підбурює душу, яка належить тілу. Люди отримують справи ворога, диявола і сатани, в залежності від того, скільки вони мають у собі неправди. Якщо вони приймають справи сатани, вони мають думки неправди. Якщо вони приймають справи диявола, вони являють вчинки неправди.

Думку розбити склянку від гніву дав сатана, і якщо ви розіб'єте її, тоді то буде роботою диявола. Думка називається «ділом тіла», а дія називається «вчинком тіла». Ми маємо роботу душі і вчинки, які належать неправді, через гріховну природу, яку насадив ворог, диявол і сатана, від гріхопадіння Адама, і вона поєдналася з тілом людини.

Тіло і вчинки тіла

У Посланні до римлян 8:13 написано: «...бо коли живете за тілом, то маєте вмерти, а коли духом умертвляєте тілесні вчинки, то будете жити».

Тут слова «маєте вмерти» означають те, що ви побачите вічну смерть, тобто пекло. Тому «тіло» стосується не лише наших фізичних тіл. Воно також має духовне значення.

Далі говориться про те, що якщо ми духом умертвимо тілесні вчинки, то будемо жити. Чи означає це, що нам необхідно позбутися справ тіла: сидіння, лежання, вживання їжі та інших? Звичайно, ні! Тут слово «тіло» означає оболонку, або посудину, звідки витікає знання духу, дане людям Богом. Щоби зрозуміти духовне значення цих слів, нам необхідно дізнатися про те, якою істотою був Адам.

Коли Адам був живим духом, його тіло було цінним і вічним. Він не старів і не міг померти або втратити сили. Він мав блискуче, прекрасне духовне тіло. Його поведінка також була більш гідною, ніж будь-якого дворянина, який жив на землі. Але відколи гріх увійшов у нього, його тіло стало нікчемним і перестало відрізнятися від тварин.

Дозвольте навести алегорію. Давайте візьмемо чашку з налитою у неї рідиною. Чашку можна порівняти з нашим тілом, а рідину з нашим духом. Та сама чашка може мати різну цінність в залежності від того, яка в ній рідина. Те саме відбувалося з тілом Адама.

Як живий дух Адам мав лише знання істини: любов, доброту, правдивість, праведність, світло Бога, яке дав йому

Сам Бог. Але коли його дух помер, знання істини витекло з нього, і ворог, сатана і диявол, замінив істину тілесними речами. Він змінився внаслідок впливу неправди, яка стала його частиною. Написано: «Духом умертвляєте тілесні вчинки». Тут «тілесні вчинки» означають дії, які виходять із тіла, яке поєднане з неправдою.

Наприклад, існують люди, які можуть підняти руку, грюкають дверима або показують інші прояви грубої поведінки, коли гніваються. Деякі люди у кожному реченні використовують непристойні слова. Деякі люди дивляться з пристрастю на особи іншої статі, а інші поводяться безсоромно.

Вчинки тіла означають не лише явні гріхи, але також всі інші дії, які не є досконалими в очах Бога. Коли деякі люди розмовляють, вони несвідомо показують пальцем на людей або предмети. Дехто підвищує голос під час розмови так ніби люди не розмовляють, а сперечаються. Все це може показатися банальним, але все це походить від тіла, яке поєднане з неправдою.

В Біблії часто використовується слово «тіло». У цьому вірші, в Євангелії від Івана 1:14 слово «тіло» використане буквально: «І Слово сталося тілом, і перебувало між нами, повне благодаті та правди, і ми бачили славу Його, славу як Однородженого від Отця». Але частіше це слово вживається у духовному значенні.

У Посланні до римлян 8:5 написано: «Бо ті, хто ходить за тілом, думають про тілесне, а хто за духом про духовне». А в Посланні до римлян 8:8 написано: «І ті, хто ходить за тілом, не можуть догодити Богові».

Тут слово «тіло» використане у духовному значенні, означає гріховну природу у поєднанні з тілом. Це поєднання гріховної природи і тіла, з якого витекло знання істини. Ворог, сатана і диявол, насадив у людях різну гріховну природу, і вони об'єдналися з тілом. Вони не проявляються негайно у діях, але ознаки тепер присутні в людині, так що будь-коли можуть проявитися.

Коли ми згадуємо кожну з цих тілесних ознак, ми говоримо, що то «діла тіла». Ненависть, заздрість, ревнощі, брехня, хитрість, гордовитість, гнів, осудження, перелюбство і жадібність разом називаються одним словом – «тіло», і кожне з них є «ділом тіла».

Що означають слова «Тіло слабке»

Коли Ісус молився у Гефсиманському саду, Його учні заснули. Ісус сказав Петрові: «Пильнуйте й моліться, щоб не впасти на спробу, -- бадьорий бо дух, але немічне тіло» (Євангеліє від Матвія 26:41). Але це не означає, що тіла учнів були слабкими. Петро мав міцну будову тіла, оскільки він був рибалкою. Отже, що означають слова: «Немічне тіло»?

Це означає, що оскільки Петро ще не отримав Святого Духа, він був людиною тіла, яка ще не повністю позбулася своїх гріхів, а отже не зростила тіло, яке належить духові. Коли людина позбувається гріхів і входить у дух, тобто коли вона стає людиною духу і людиною істини, її душа і тіло буде управлятися її духом. Отже навіть якщо тіло надто втомилося, якщо ви дійсно бажаєте пильнувати, ви не заснете.

Але тоді Петро іще не увійшов у дух, а отже не міг управляти властивостями тіла: втомою і лінощами. Отже незважаючи на те, що він бажав пильнувати, він не міг того зробити. Він перебував у межах свого тілесного простору. Перебувати у межах тілесного простору означає мати слабке тіло.

Але після воскресіння і вознесіння Ісуса Христа Петро отримав Святого Духа. Тепер він не лише управляв своїми тілесними ознаками, але й зцілював багатьох хворих і навіть воскрешав мертвих. Він розповсюджував Євангеліє з такою сильною вірою і мужністю, що зволів бути розіп'ятим догори ногами.

Ісус же розповсюджував Добру Новину по Боже Царство, зціляв людей день і ніч незважаючи на те, що Він навіть як слід не міг поїсти і виспатися. Але оскільки Його дух управляв Його тілом, навіть у ситуації, коли Він був надто стомлений, Він міг навіть молитися так, що піт перетворився на краплі крові, що капали на землю. Ісус не мав ні первородного, ані вчиненого гріха. Тому Він міг управляти Своїм тілом за допомогою духу.

Деякі віруючі грішать і виправдовуються, говорячи: «Моє тіло слабке». Але вони говорять так, бо не знають духовного значення цього вислову. Ми повинні розуміти, що те, що Ісус пролив Свою кров на хресті, звільнило нас не лише від гріхів, але й від нашої слабкості. Ми можемо бути здоровими духовно і тілесно, чинити справи, які поза людською уявою, якщо лише ми матимемо віру і виконуватимемо Боже Слово. Крім того, ми маємо допомогу Святого Духа, а отже ми не повинні говорити, що не можемо молитися або не мали іншого вибору, як вчинити гріх, бо наше тіло слабке.

Діла тіла: гріхи, скоєні у думках

Якщо люди мають тіло, а саме, якщо вони мають гріховну природу, яка поєднана з їхнім тілом, вони грішать не лише у думках, але й у вчинках. Якщо вони мають ознаки брехні, вони обдурюватимуть інших у несприятливій ситуації. Якщо вони грішать у серці, але не у справах, це «діла тіла».

Припустимо, ви побачили коштовну прикрасу, яка належить вашому сусідові. Якщо ви хоча б колись думали про те, щоби взяти або вкрасти її, тоді ви вже вчинили гріх у своєму серці. Більшість людей не вважає це гріхом. Але Бог досліджує серце, і навіть ворог, диявол і сатана, знає про цю властивість серця людини, тож може осудити за такий гріх, тобто за гріх тіла.

В Євангелії від Матвія 5:28 Ісус сказав: «А Я вам кажу, що кожен, хто на жінку подивиться із пожадливістю, той уже вчинив із нею перелюб у серці своїм». У 1 Посланні Івана 3:15 написано: «Кожен, хто ненавидить брата свого, той душогуб. А ви знаєте, що жаден душогуб не має вічного життя, що в нім перебувало б». Якщо ви грішите у серці, це означає, що ви поклали основу для того, щоби вчинити справу гріха.

Ви можете мати посмішку на обличчі і вдавати, що ви любите когось, хоча ненавидите ту людину і хочете вдарити її. Якщо щось трапиться, і ви не зможете стерпіти ситуацію, ваш гнів спалахне, ви сваритиметесь або битиметесь з тією людиною. Але якщо ви позбудетеся гріховної природи гніву, ви ніколи не будете ненавидіти ту людину, навіть якщо вона завдасть вам клопоту.

Як написано у Посланні до римлян 8:13: «...бо коли живете за тілом, то маєте вмерти», якщо ви не позбудетеся тілесного, ви зрештою чинитимете вчинки тіла. Проте у Біблії також написано: «...а коли духом умертвляєте тілесні вчинки, то будете жити». Отже можливо чинити благочестиві і святі справи, якщо ви одне за одним позбудетеся діл тіла. Тож як швидко ми можемо позбутися діл і вчинків тіла?

У Посланні до римлян 13:13-14 написано: «Як удень, поступаймо доброчесно, не в гульні та п'янстві, не в перелюбі та розпусті, не в сварні та заздрощах, але зодягніться Господом Ісусом Христом, а догодження тілу не обертайте на пожадливість!» А у 1 Посланні Івана 2:15-16 написано: «Не любіть світу, ані того, що в світі. Коли любить хто світ, у тім немає любови Отцівської, бо все, що в світі: пожадливість тілесна, і пожадливість очам, і пиха життєва, це не від Отця, а від світу».

Із цих віршів ми можемо зрозуміти, що все у світі спричинюється пожадливістю тілесною, пожадливістю очам і пихою життєвою. Пожадливість – це джерело енергії, яке стимулює людей шукати і приймати тлінне тіло. Це потужна сила, яка змушує людей добре ставитися до цього світу і любити його.

Давайте повернемося до моменту, коли Єву спокусив змій, про що записано у Книзі Буття 3:6: «І побачила жінка, що дерево добре на їжу, і принадне для очей, і пожадане дерево, щоб набути знання. І взяла з його плоду, та й з'їла, і разом дала теж чоловікові своєму, і він з'їв».

Змій сказав Єві, що вона стане наче Бог. У мить, коли жінка прийняла слово, гріховна природа увійшла у неї і закріпилася як тіло. Тепер пожадливість тілесна увійшла у неї, і плід виглядав добре, щоби його з'їсти. Пожадливість очам увійшла у неї, і плід став насолодою для очей. Хвастлива життєва гордість увійшла у жінку, і плід був бажаний для того, щоби зробити її мудрою. Коли Єва прийняла таку пожадливість, вона захотіла з'їсти плід, і так і зробила. Раніше вона не мала жодного наміру не коритися Божому Слову, але коли її пожадливість була простимульована, плід почав виглядати для неї гарно і прекрасно. Коли жінка забажала стати такою як Бог, вона виявила непокору Богові.

Пожадливість тілесна, пожадливість очам і пиха життєва змушують нас відчути, що гріхи і зло – це дещо гарне і прекрасне. Потім це переростає у тілесне і зрештою у вчинки тіла. Отже, щоби позбутися тілесного, ми спершу повинні позбутися трьох видів пожадливості. Потім ми можемо почати позбуватися тілесного зі свого серця.

Якби Єва знала, який великий біль завдасть вживання плоду, вона би не відчула, що він гарний для їжі і приємний для очей. Замість того вона би відчула відразу навіть доторкнутися або подивитися на нього, вже не говорячи про те, щоби з'їсти його. Також якщо ми розуміємо, який великий біль нам принесе любов до цього світу і що це стане причиною нашого падіння у пекло, ми однозначно не любили би цей світ. Як тільки ми зрозуміли, наскільки марними є всі заплямовані гріхом земні речі, ми можемо легко позбутися свого бажання щодо всього тілесного. Дозвольте мені детально поговорити про це.

Пожадливість тілесна

Пожадливість тілесна – це властивість людини іти

за тілом і чинити гріхи. Якщо ми маємо такі якості, як ненависть, гнів, егоїстичні бажання, хтиві бажання, заздрість і гордість, може бути збуджена пожадливість тіла. Коли ми стикаємося із ситуацією, у якій збуджується гріховна природа, тоді пробуджуються інтерес і цікавість. Це приведе нас до відчуття, що гріхи гарні і прекрасні. У цей момент тілесне відкривається і перетворюється на вчинки тіла.

Наприклад, припустимо, новий віруючий вирішив кинути пиячити. Але він ще має таке бажання, тобто воно тілесне. Тому якщо він потрапить до бару або у місце, де люди розпивають спиртні напої, збудиться його тілесна пожадливість. Тоді це спонукатиме бажання людини, скерує його випити алкогольний напій і напитися.

Дозвольте навести ще один приклад. Якщо ми маємо властивість осуджувати інших, ми будемо схильні мати бажання слухати чутки про інших людей. Ми можемо подумати, що то весело чути і розповсюджувати чутки і розмовляти про інших людей. Якщо ми маємо гнів, і є щось, що не узгоджується з нами, ми відчуємо, що ніби підкріпилися, коли розгнівалися на когось або на щось через це. Якщо ми намагатимемось контролювати себе, щоби не мати властивості тіла щоби гніватися, для нас це буде болючішим і нестерпнішим. Якщо ми маємо гордість, тоді для нас буде характерним хвалитися собою. У своїй гордості ми також можемо мати бажання, щоби нам служили, бо в нас такий характер. Якщо ми бажаємо бути багатими, ми намагаємося розбагатіти, не дивлячись на витрати, шкоду і страждання, які ми спричиняємо іншим людям. Така пожадливість тіла збільшиться, якщо ми ще більше грішитимемо.

Але навіть якщо людина – новий віруючий, який має слабку віру, але палко молиться, отримує благодать від товариства з іншими членами церкви, сповнений Святого Духа, пожадливість його тіла не збуджуватиметься так легко. Навіть якщо пожадливість тіла з'явиться в одному куточку його розуму, він може негайно вигнати її за допомогою істини. Але якщо він перестане молитися і втратить повноту Святого Духа, він дасть місце ворогові, дияволу і сатані, щоби той знову збудив пожадливість тіла.

Отже, що важливо при відсіканні пожадливості тіла? Зберегти повноту Святого Духа, так щоби ваше бажання шукати духа було сильнішим, ніж бажання шукати тілесного. Ми повинні завжди духовно пильнувати, як написано у 1 Посланні Петра 5:8: «Будьте тверезі, пильнуйте! Ваш супротивник диявол ходить, ричучи, як лев, що шукає пожерти кого».

Для цього ми повинні безперестанку палко молитися. Хоча ми дуже зайняті, виконуючи Божу роботу, ми можемо втратити повноту Святого Духа, якщо перестанемо молитися. Тоді шлях відкриється для збудження пожадливості тіла. Так ми можемо грішити у думках, а потім у справах. Тому навіть Ісус, Божий Син, явив гарний приклад невпинної молитви під час Свого життя на землі. Він ніколи не переставав молитися, щоби не перестати спілкуватися з Отцем і виконати Його волю.

Звичайно, якщо ви позбудетеся гріха і досягнете освячення, ви не виявите пожадливості тілесної, таким чином, ви не скоритеся тілу і не будете грішити. Отже, люди, які освятилися, молитимуться не про те, щоби позбутися пожадливості тіла, але щоби отримати більшу повноту Духа і ще більше досягти Божого Царства.

Що ми звичайно робимо, коли бажаємо віддати одяг іншим людям? Ми не лише виперемо його, але будемо терти милом, щоби зник запах. Якщо на одязі з'явиться черв'як або личинка, ми здивуємося і негайно струсимо її. Але гріхи серця брудніші, ніж зношений одяг або черв'як. Як написано в Євангелії від Матвія 15:18: «Що ж виходить із уст, те походить із серця, і воно опоганює людину», вони завдають шкоди людині до мозку кісток, завдаючи сильного болю.

Що буде, якщо дружина дізнається про любовний зв'язок свого чоловіка з іншою жінкою? Для неї це буде дуже боляче! Це потягне за собою інші події. Поведінка чоловіка призведе до сварок, у родині зруйнується спокій, або навіть шлюб може розпастися. Тому ми повинні швидко позбутися пожадливості тіла, бо вона породжує гріх і дає негативні наслідки.

Пожадливість очам

«Пожадливість очам» збуджує серце завдяки почутому і побаченому і змушує людину шукати тілесного. Хоча це називається «пожадливістю очам», така пожадливість входить у серце людини через процес бачення, слухання і відчуття у процесі її зростання. Тобто те, що люди бачать і чують, зворушує їхнє серце, щоби дати їм почуття, і таким чином вони отримують «пожадливість очам».

Якщо ви бачите щось і приймаєте побачене, маючи при цьому якісь емоції, ви матимете такі ж відчуття, коли знову побачите те саме. Навіть не побачивши це насправді, якщо ви лише почуєте про те, ви згадаєте минулий досвід так що збудиться ваша пожадливість очам. Якщо ви продовжуватимете отримувати таку пожадливість, це вмотивує вашу пожадливість тіла і зрештою ви вчините гріх.

Що сталося, коли Давид побачив Вірсавію, дружину Урія, коли вона купалася? Він не зупинив пожадливості очам, але прийняв її, таким чином зростивши пожадливість тілесну, яка народила в ньому бажання взяти ту жінку. Зрештою, він взяв жінку і вчинив гріх, пославши її чоловіка Урію на війну, де він мав загинути. Таким чином Давид завдав собі великих неприємностей.

Якщо ми не позбудемося пожадливості очам, це продовжуватиме збуджувати в нас гріховну природу. Наприклад, якщо ми будемо розглядати порнографічні журнали, це вмотивує нашу гріховну природу перелюбного розуму. Оскільки ми бачимо очима, до нас приходить пожадливість очам, і сатана також спрямовує наші думки у напрямку неправди.

Люди, які вірять в Бога, не повинні припускати пожадливість очам. Ви не повинні бачити або чути те, що не є правдою, і ви не повинні навіть іти в те місце, де ви можете зіткнутися з неправдою. Незалежно від того, як сильно ви молитеся, постите, молитеся всю ніч, щоби позбутися тілесного, якщо ви не позбудетеся пожадливості очам, пожадливість вашого тіла набуде сили і ще більше буде простимульована. В результаті ви не зможете легко позбутися тілесного і відчуєте, що боротися з гріхами дуже важко.

Наприклад, якщо під час війни солдати, які перебувають у місті, отримають постачання ззовні, вони стануть сильнішими і продовжуватимуть боротьбу. Буде нелегко зруйнувати ворожу силу у межах міста. Тому для перемоги ми спочатку повинні оточити місто, відрізати постачання, щоби ворожі сили не змогли більше отримувати їжу або зброю. Якщо при цьому продовжувати атаку, ворожі сили зрештою будуть знищені.

На цьому прикладі ми можемо уявити: якщо ворожа сила у місті – це неправда, а саме, тілесне, яке є в нас, тоді підкріплення ззовні можна назвати пожадливістю очам.

Якщо ми не позбудемося цієї пожадливості, ми не зможемо позбутися гріхів навіть з постом і молитвою, тому що гріховна природа постійно буде отримувати підкріплення. Отже сперш ми повинні позбутися пожадливості очам, молитися і постити, щоби позбавитися гріховної природи. Тоді ми зможемо позбутися неправди благодаттю і силою Бога, а також за допомогою повноти Святого Духа.

Дозвольте навести простий приклад. Якщо ми продовжуватимемо лити чисту воду у посудину, повну брудної води, брудна вода зрештою стане чистою. Але якщо ми литимемо чисту і в той же час брудну воду? Брудна вода у посудині не стане чистою як би довго ви її не лили, якщо зовсім не буде чистої води. Так само ми не повинні приймати більше жодної неправди, а лише правду, щоби позбутися тілесного і зрощувати серце духу.

Пиха життєва

Люди схильні до хвастощів. «Пиха життєва» -- це «наша природна марнота і пиха, завдяки якій ми насолоджуємося цим життям». Наприклад, люди бажають похвалитися своєю сім'єю, дітьми, чоловіком або дружиною, дорогими речами, гарним будинком або коштовностями. Вони хочуть бути визнаними за свою зовнішність або таланти. Вони навіть хваляться дружбою з впливовими або знаменитими людьми. Якщо ви маєте пиху життєву, більш за все ви цінитимете багатство, славу, знання, таланти, зовнішність і будете завзято шукати їх.

Але яка користь хвалитися всім тим? У Книзі Екклезіястовій 1:2-3 говориться про те, що все, що людина робить під сонцем, то марнота. У Книзі Псалмів 102:15 написано: «Чоловік як трава дні його, немов цвіт польовий так цвіте він». Похвала цим світом не може дати нам істинної цінності життя. Але це є ворожим до Бога і веде нас до смерті. Якщо ми позбудемося марного тіла, ми звільнимося від хвастощів та пожадливості, а отже триматимемося лише істини.

У 1 Посланні до коринтян 1:31 написано: «Хто хвалиться, нехай хвалиться Господом». Це означає, що ми не повинні хвалитися, щоби підносити себе, але все робити для Божої слави. Тобто, хвалитися треба хрестом Господа, Який спас нас, а також Царством Небесним, яке Він приготував для нас. Також ми повинні хвалитися благодаттю, благословеннями, славою і всім, що дав нам Бог. Коли ми хвалимося Господом, Бог радіє і дає нам матеріальні і духовні благословення.

Обов'язок людей – шанувати і боятися люблячого Бога, цінність кожної людини буде визначена в залежності від того, наскільки вона стала людиною духу (Книга Екклезіястова 12:13).

Якщо ми позбулися всіх гріхів і зла, а саме справ тіла і всього тілесного, повернули собі втрачений образ Бога, ми можемо бути поза рівнем першої людини, Адама, котрий був живим духом. Це означає, що ми можемо стати людьми духу і повного духу. Отже ми не повинні догодження тілу обертати на пожадливість, а зодягнутися у Господа Ісуса Христа.

Розділ 4

За межами рівня живого духу

Як тільки ми зруйнуємо тілесні думки, робота душі, яка належить тілу, зникне. Залишиться лише робота душі, яка належить духу. Душа повністю кориться духові-господарю, промовляючи «Амінь». Коли господар виконує обов'язок господаря, я слуга виконує обов'язок слуги, ми говоримо, що наша душа процвітає.

Обмежене серце людей

Стати людиною духу

Живий дух і зрощений дух

Духовна віра – це істинна любов

У напрямку до святості

Навіть новонароджені діти – це люди, але вони не можуть виконувати роль дорослого. Вони не мають знання. Вони не можуть навіть упізнати своїх батьків. Вони не вміють виживати. Так само Адам, якого було створено як живий дух, на початку не міг виконувати своїх обов'язків як чоловік. Він став осмисленою істотою після того, як сповнився духовним знанням. Він став паном всього створіння, поступово отримуючи духовні знання від Бога. У той час серце Адама було духом, тож не було необхідності використовувати слово «серце».

Але після гріхопадіння його дух помер. Знання духу почало потроху витікати з нього і замість того він сповнився знанням тіла, яке йому дав ворог, сатана і диявол. Його серце вже не можна було назвати «духом», і з того часу його почали називати «серцем».

Спочатку серце Адама було створено за образом Бога, Котрий є дух. Серце Адама також могло збільшитися в залежності від того, як воно сповнювалося знанням духу. Але після того, як його дух помер, знання неправди оточило дух, і тепер розмір серця набув певних меж. Через душу, яка стала панувати над людиною, люди почали вводити різні знання і використовувати їх різними способами. Відповідно до знання а також до різних способів його використання, серце людини почало мобілізуватися різними способами.

Отже, навіть люди, які мають порівняно велике серце, не можуть перевищити певні межі, встановлені особистою самовпевненістю, особистими рамками і властими теоріями. Але відколи ми прийняли Господа Ісуса Христа, отримали Святого Духа і народили свій дух завдяки Духові, ми можемо перевищити межі, властиві людині. Крім того, в залежності від того, як ми зрощуємо серце духу, ми можемо відчувати і дізнаватися про безмежне духовне царство.

Обмежене серце людей

Коли люди душі слухають Боже Слово, спершу у їхній мозок входить повідомлення, а потім вони починають користуватися людськими думками. Тому вони не можуть прийняти Його Слово своїм серцем. Звичайно, вони не можуть зрозуміти духовного, а також змінити себе за допомогою істини. Вони намагаються зрозуміти духовне царство своїм обмеженим серцем і тому підпадають під осудження. Вони також багато чого не розуміють і осуджують навіть те, що стосується патріархів Біблії.

Коли Бог наказав Аврааму принести у жертву свого єдиного сина Ісака, дехто говорить, що Авраамові було дуже важко скоритися. Говорять наступне: «Бог дозволив Авраамові йти пішки протягом трьох днів до гори Морія, щоби випробувати його віру. По дорозі Авраам відчував нестерпні муки, оскільки він думав про те, чи виконати йому наказ Бога. Але зрештою він вирішив його виконати».

Чи насправді Авраам мав такі проблеми? Він вирушив рано вранці навіть не порадившись зі своєю дружиною Сарою. Він повністю довіряв силі і милості Бога, Котрий міг воскрешати мертвих. Тому він міг віддати свого сина Ісака без жодних сумнівів. Бог бачив його внутрішнє серце, визнавав його віру і любов. В результаті Авраам став отцем віри і був названий «другом Божим».

Якщо людина не розуміє рівня віри і покори, яка може догодити Богові, вона не розумітиме цього, бо вона покладатиметься на своє обмежене серце і стандарт віри. Ми можемо зрозуміти тих, хто любить Бога у найвищій мірі і догоджає Богові в залежності від того, як ми позбуваємося гріхів і зрощуємо серце духу.

Стати людиною духу

Бог – це дух, тому Він бажає, щоби Його діти також стали людьми духу. Що ж ми маємо робити тепер, щоби стати людьми духу, чий дух став господарем своєї душі і тіла?

Найперше ми повинні знищити думки неправди, а саме, тілесні думки, так щоби нами не управляв сатана. Замість того ми повинні чути голос Святого Духу, який зворушує ваше серце через Слово істини. Ми повинні дозволити своїй душі повністю скоритися тому голосу. Коли ми чуємо Боже Слово, ми повинні приймати його, промовивши «Амінь», і щиро молитися доки не зрозуміємо духовне значення Його Слова.

Таким чином, якщо ми отримаємо повноту Святого Духу, наш дух стане господарем і ми зможемо увійти у духовний вимір, де ми матимемо щоденне спілкування з Богом. Таким чином, коли душа кориться господареві, духу, повністю і діє, наче раб, тоді ми говоримо, що наша душа «процвітає». Якщо ваша душа процвітає, ми процвітатимемо в усіх справах і будемо здоровими.

Якщо ми чітко розуміємо роботу душі і отримуємо її так, як бажає Бог, тоді нас вже ніколи не підбурюватиме сатана. Так ми можемо отримати знову втрачений образ Бога, котрий втратив Адам в результаті свого гріхопадіння. Тепер порядок між духом, душею і тілом буде встановлено належним чином, і ми зможемо стати справжніми дітьми Бога. Тоді ми зможемо навіть вийти за межі рівня живого духу, котрий був рівнем Адама. Ми не лише отримаємо владу і силу керувати всім, але також насолоджуватимемось вічною радістю і щастям у небесному царстві, яке знаходиться на рівні, вищому від еденського раю. Як написано у 2 Посланні до коринтян 5:17: «Тому то, коли хто в Христі, той створіння нове, стародавнє минуло, ото сталось нове!», ми станемо абсолютно новим створінням у Господі.

Живий дух і зрощений дух

Коли ми виконуємо Божі заповіді, в яких нам говориться, що ми маємо робити, і чого дотримуватися, це означає, що ми не чинитимемо справи тіла і триматимемося істини. Настільки ж більше ми станемо людьми духу. Оскільки ми – люди тіла, які застосовують на практиці неправду, ми можемо мати різні проблеми або хвороби, але відколи ми стали людьми духу, ми процвітатимемо в усьому і будемо здоровими.

Також оскільки ми позбуваємося зла, як Бог наказав нам позбутися певних речей, наші «діла тіла» і тілесні думки зникнуть, так що ми матимемо душу, яка належить істині. Розмірковуючи лише в істині, ми ясніше будемо чути голос Святого Духу. Якщо ми повністю дотримуватимемось Божих заповідей, які наказують нам триматися, не робити або позбутися певних речей, нас вважатимуть людьми духу, бо ми не матимемо у собі жодної неправди. Крім того, якщо ми повністю виконуємо Божі накази, які говорять нам робити певні дії, ми станемо людьми повного духу.

Крім того, існує велика різниця між цими людьми духу і

Адамом, котрий був живим духом. Адам ніколи не відчував нічого тілесного внаслідок зрощення людства, тому його не можна назвати абсолютно духовною людиною. Адам не розумів, що таке горе, біль, смерть або розлука, спричинені тілом. Це означає, що з іншого боку він не міг мати істинне визнання, подяку, або любов. Незважаючи на те, що Бог сильно любив його, він не міг оцінити, наскільки доброю була та любов. Він насолоджувався найкращими речами, але не міг відчути свого щастя. Він не міг бути справжньою дитиною Бога, яка могла би поділитися з Ним своїм серцем. Лише пройшовши через тілесне і дізнавшись про це, він зміг стати справжньою духовною істотою.

Коли Адам був живим духом, він не відчував нічого тілесного. Тому він завжди мав можливість прийняти тіло і розбеститися. Дух Адама не був повним і досконалим духом у справжньому сенсі, але духом, який міг померти. Тому він називався душею живою, тобто живим духом. Тоді ви можете запитати, як міг живий дух прийняти спокусу сатани. Дозвольте навести алегорію.

Припустимо, у сім'ї є двоє дуже слухняних дітей. Один з них колись обварився окропом, а інший ніколи не обварювався. Колись матір показала дітям чайник з окропом і наказала не чіпати його. Звичайно, діти слухалися маму, тож жоден з них не торкався чайника.

Але одного разу одна дитина вже відчула на собі, що таке чайник з окропом, тому вона охоче слухається маму. Дитина також розуміє серце матері, відчуває, що вона любить своїх дітей і намагається захистити їх, попередивши про небезпеку. І навпаки, в іншої дитини, яка не мала такого досвіду, виникає цікавість, коли вона бачить чайник, з якого виходить пара. Можливо, дитина не розуміє наміри своєї матусі. Завжди існує імовірність, що інша дитина також намагатиметься торкнутися гарячого чайника через допитливість.

Те саме відбувалося з живим духом, Адамом. Він чув про те, що гріхи і зло страшні, але ніколи не відчував їх. Він ніяк не міг зрозуміти точно, що таке гріх і зло. Оскільки він не відчував відносність речей, він зрештою прийняв спокусу сатани за власною волею і їв заборонений плід.

На відміну від Адама живий дух, який ніколи не розумів відносність різних речей, Бог бажав мати справжніх дітей, котрі, відчувши тілесне, матимуть серце духу і ніколи не передумають за будь-яких обставин. Вони добре розумітимуть відмінність між тілом і духом. Вони відчули гріхи і зло, біль і горе у цьому світі, тож знають, яким болючим, розбещеним і безглуздим є тіло. Також вони дуже добре знають дух, протилежний тілу. Вони знають, яке воно прекрасне і добре. Тож за своєю власною волею вони більше ніколи не приймуть тілесне. Такою є різниця між живим і зрощеним духом.

Живий дух коритиметься безумовно, тоді як зрощений

дух коритиметься щиро, дізнавшись, що таке добро і зло. Крім того, люди духу, які позбулися всіх гріхів і зла, отримають благословення і увійдуть у Третє Небесне Царство з-поміж різних осель на небесах і різних людей повного духу, місто Новий Єрусалим.

Духовна віра – це істинна любов

Відколи ми стаємо людьми духу у розвитку своєї віри, ми можемо відчути щастя і радість абсолютно іншого виміру. Ми матимемо істинний мир у серці. Ми завжди радітимемо, постійно молитимемось і дякуватимемо за все, як написано у 1 Посланні до солунян 5:16-18. Ми розуміємо серце і волю Бога своїми істинними серцями і дякуватимемо Йому.

Почувши про те, що Бог є любов, але ще до того, як ми стали людьми духу, ми насправді не могли знати ту любов. Лише зрозумівши план Бога завдяки процесу зрощення людства, ми змогли зрозуміти, що Бог – це любов, як ми повинні любити Його більше за все.

Оскільки ми не позбулися тілесного зі свого серця, наша любов і подяка несправжні. Хоча ми говоримо, що любимо Бога і вдячні Йому, ми можемо змінити перебіг свого життя, коли все перестане бути корисним для нас. Ми говоримо, що ми вдячні, коли справи йдуть добре, але скоро забуваємо благодать. Якщо ми стикаємося з труднощами, замість того, щоби згадати про благодать, ми розчаровуємося і навіть гніваємося. Ми забуваємо свою вдячність і благодать, яку отримали.

Але подячна молитва людей духу походить з глибини їхніх сердець, так що ніколи не змінюється навіть з плином часу. Вони розуміють план Бога, Котрий зрощує людей, незважаючи на нестерпний біль, із цим пов'язаний. І люди щиро дякують від самого серця. Також вони щиро люблять Господа Ісуса і дякують Тому, Хто взяв на Себе хрест за нас, а також Святому Духу, Котрий веде нас до істини. Їхня любов і подяка ніколи не зміниться.

У напрямку до святості

Люди були зіпсовані гріхами, але після того, як вони прийняли Ісуса Христа і отримали благодать спасіння, вони можуть змінитися вірою і силою Святого Духа. Тоді вони можуть вийти за межі живого духу. В залежності від того, як із них виходить неправда, а замість того вони наповнюються правдою, вони можуть стати людьми духу, досягаючи святості.

У більшості випадків коли люди бачать лихе, вони поєднують побачене з неправдою, яка живе в них, тобто їхні почуття і думки є лихими. Тому вони схильні являти лихі справи. Але ті люди, які освятилися, не мають жодної неправди у собі, а отже жодних лихих думок або справ. Вони не бачать спершу лихих думок, але навіть якщо вони побачать це, ці речі не поєднуватимуться з лихими думками або справами.

Нас можна було б вважати освяченими, якби ми зростили у собі чисте серце, без вади і плями, позбувшись навіть того зла, яке сиділо глибоко у нашому серці. Люди, які мають лише духовні думки, а саме такі, які бачать, чують, говорять і діють лише в істині, є істинними Божими дітьми, які вийшли за межі духу.

Як написано у 1 Посланні Івана 5:18: «Ми знаємо, що кожен, хто народився від Бога, не грішить, бо хто народився від Бога, той себе береже, і лукавий його не торкається» у духовному царстві сила не має гріха. Якщо людина не має гріха, це називається святістю. Тому ми можемо відновити владу, яка дана була живому духу Адаму, розбити і підкорити ворога, диявола і сатану в залежності від того, як ми позбулися своїх гріхів.

Відколи ми стали людьми духу, диявол не можує навіть торкнутися нас, а відколи ми стали людьми повного духу, зміцнили свою доброчесність і любов, ми зможемо здійснювати могутні справи Святого Духу, чинити великі і могутні справи.

Освятившись, ми можемо стати людьми духу і повного духу (1 Послання до солунян 5:23). Якщо подумати про Бога, Котрий зрощує людство, і терпить людей так довго, щоби отримати справжніх дітей, ми можемо зрозуміти, що найважливішим у житті є те, щоби стати людьми духу і повного духу.

Повернення духу

Я людина тіла, або духу?

Чим відрізняються дух і повний дух?

«Ісус відповів: Поправді, поправді
кажу Я тобі: Коли хто не родиться з води й Духа,
той не може ввійти в Царство Боже.
Що вродилося з тіла є тіло,
що ж уродилося з Духа є дух».
(Євангеліє від Івана 3:5-6)

Дух і повний дух

Оскільки дух людей мертвий, вони потребують спасіння. Наше християнське життя – це процес росту духу після його відновлення.

Що таке дух?

Повернути дух

Процес росту духу

Обробка доброї землі

Сліди тіла

Доказ перебування у повному дусі

Благословення, які отримують люди духу і повного духу

Дух людини помер внаслідок гріхопадіння Адама. Відтоді людиною почала управляти її душа. Люди постійно приймали неправду і трималися своєї похоті. Зрештою вони не змогли отримати спасіння. Оскільки людьми управляє душа, яка перебуває під впливом сатани, вони грішать і потрапляють до пекла. Тому всі люди повинні отримати спасіння. Бог шукає істинних дітей, які отримали спасіння внаслідок зрощення людства, тобто Він шукає людей духу і повного духу.

Як написано у 1 Посланні до коринтян 6:17: «А хто з Господом злучується, стає одним духом із Ним». Істинні Божі діти – це ті, хто поєднався з Ісусом Христом у дусі.

Приймаючи Ісуса Христа, ми починаємо жити в істині за допомогою Святого Духу. Якщо ми в повній мірі живемо в істині, це означає, що ми стали людьми духу, які мають серце Господа, тобто маємо один дух з Господом, незважаючи на те, що ми стали одним духом, хоча дух Бога і дух людей абсолютно різні. Бог є дух, який не має фізичного тіла, але дух людей перебуває у фізичному тілі. Бог має форму духу, який належить небесам, тоді як люди мають форму духу у фізичному тілі, створеному із пороху земного. Звичайно, є велика різниця між Богом-Творцем і людьми, яких Він створив.

Що таке дух?

Багато людей вважають, що слово «дух» взаємозамінне зі словом «душа». Словник подає значення слова «дух» як «життєве джерело, що надихає дати життя фізичним організмам, надприродним істотам або сутності». Але дух з точки зору Бога – це те, що ніколи не вмирає, не гине і не змінюється. Він вічний. Це життя, істина.

Якщо нам необхідно знайти те, що має ознаки духу на цій землі, це буде золото. Блиск ніколи не змінюється навіть з часом, ніколи не гине і не змінюється. Тому Бог прирівнює нашу віру до чистого золота, а також будує домівки на небесах із золота та інших коштовних каменів.

Перший чоловік Адам отримав частину оригінальної природи Бога, коли Бог вдихнув у його ніздрі дихання життя. Він був створений як неповний дух. Це тому що для нього існувала можливість повернутися у тілесну істоту з ознаками землі. Він був не лише «духом». Він був «живим духом», котрий був «живою істотою».

Для чого Бог створив Адама живим духом? Тому що Він хотів, щоби Адам став поза виміром живого духу, відчувши тілесне через зрощення людства, став людиною повного духу. Це стосується не лише Адама, але й усіх його нащадків. Тому

Бог приготував Спасителя Ісуса і помічника, Святого Духа, навіть до початку часів.

Повернути дух

Адам жив в еденському раї як живий дух незмірний період часу, але зрештою його спілкування з Богом перервалося внаслідок гріхопадіння. У той час сатана почав насаджувати знання неправди у ньому через його душу. У цьому процесі знання духу, дане Богом, почало зникати і замінилося тілесним змістом, тобто знанням неправди, дане сатаною.

З часом тілесний зміст надто переповнив людину. Неправда оточила і задушила зерно життя у людині, ніби тримаючи у певних межах зерно життя так, що воно стало абсолютно неактивним. У стані, коли зерно життя стає абсолютно неактивним, ми говоримо, що дух «мертвий». Це означає, що Світло Бога, яке може зробити зерно життя активним, зникло. Тож що ми маємо робити, щоби відновити мертвий дух?

По-перше, ми повинні народитися від води і Духу.

Коли ми слухаємо Боже Слово, яке є істиною, і приймаємо Ісуса Христа як особистого Спасителя, Бог дає нам подарунок Святого Духа для нашого серця. В Євангелії від Івана 3:5 Ісус промовив: «Поправді, поправді кажу Я тобі: Коли хто не родиться з води й Духа, той не може ввійти в Царство Боже». Із цього бачимо, що ми можемо отримати спасіння лише народившись від води, яке є Божим Словом, і від Святого Духа.

Святий Дух входить у наше серце, змушуючи наше зерно життя знову стати активним. Це є відновлення нашого мертвого духа. Він допомагає нам позбутися тілесного, тобто неправди, знищити неправедні справи душі і дає нам знання істини. Якщо ми не отримаємо Святого Духа, наш мертвий дух не зможе відновитися, і ми також не зможемо зрозуміти духовне значення Божого Слова. Слово, яке ми не можемо зрозуміти, не може бути посаджене у нашому серці і ми не можемо отримати духовну віру. Ми можемо мати духовне розуміння і віру, щоби вірити від серця лише за допомогою Святого Духу. Разом із цим ми можемо отримати силу застосовувати на практиці Боже Слово і жити за ним, коли молимося. Без Його допомоги, отриманої внаслідок молитов, ми не матимемо сили, щоби застосовувати Слово на практиці.

По-друге, ми повинні постійно народжувати дух через Дух.

Відколи наш мертвий дух відновився, отримавши Святого Духа, ми повинні продовжувати відчувати свій дух зі знанням істини. Це є народженням духу через Дух. Коли ми старанно молимося за допомогою Святого Духу, щоби боротися з гріхами до крові, зло і неправда, які живуть у нашому серці, підуть геть. Крім того, в залежності від того, як ми приймаємо знання істини, яке дає Святий Дух, такі як любов, доброчестя, правдивість, лагідність і покірливість, ми матимемо набагато більше істини і добра у серці. Інакше кажучи, приймаючи істину за допомогою Святого Духу, ми повертаємо у зворотному напрямку кроки, зроблені у процесі, коли людство стало розбещеним від гріхопадіння Адама.

Однак є такі люди, які отримали Святого Духа, але не змінюють своє серце. Вони не дотримуються бажань Святого Духу, але замість того продовжують жити у гріхах, тримаючись бажань тіла. Спочатку вони намагаються позбутися гріхів, але з певного моменту стають теплими у своїй вірі і перестають боротися зі своїми гріхами. Відколи вони перестають боротися зі своїми гріхами, починають по-дружньому ставитися до цього світу або грішити. Їхні серця, які стають чистішими і білішими, знову забруднюються гріхом. Незважаючи на те, що ми отримали Святого Духа, якщо наші серця постійно занурюються у неправду, зерно життя в нас не може отримати силу.

У 1 Посланні до солунян 5:19 нас попереджають: «Духа не вгашайте!» Ми можемо досягти рівня, коли ми маємо ім'я, ніби живі, але якщо ми не змінимо себе після отримання Святого Духу, ми мертві. (Книга Об'явлення 3:1). Таким чином, незважаючи на те, що ми отримали Святий Дух, цей Святий Дух поступово буде вгашатися, якщо ми продовжуватимемо жити у гріхах і злі.

Отже, ми постійно повинні намагатися змінювати своє серце доки воно повністю не перетвориться на серце істини. У 1 Посланні Івана 2:25 написано: «А оце та обітниця, яку Він Сам обіцяв нам: вічне життя». Так, Бог дав нам обітницю. Але для цього існує одна умова.

Ми повинні бути об'єднаними з Господом і Богом, застосовуючи на практиці Боже Слово, яке ми почули, щоби Бог дав нам вічне життя. Ми не можемо отримати спасіння навіть сказавши, що віримо в Господа, якщо ми не живемо у Бозі і в Господі.

Процес росту духу

В Євангелії від Івана 3:6 написано: «Що вродилося з тіла є тіло, що ж уродилося з Духа є дух». Як написано, ми не можемо народити дух, якщо знаходимося у тілі.

Тому відколи ми отримали Святий Дух, і наш мертвий дух відновився, дух повинен рости. Що робити, якщо дитина не росте належним чином, або зовсім не росте? Така дитина не зможе мати нормальне життя у майбутньому. Те саме стосується духовного життя. Божі діти, які отримали життя, повинні продовжувати збільшувати свою віру і змушувати свій дух рости.

В Біблії говориться про те, що міра віри кожної людини різна (Послання до римлян 12:3). У 1 Посланні Івана 2:12-14 говориться про різні рівні віри, розподілені на категорії: віра малих дітей, дітей, юнаків і отців:

Пишу я вам, дітоньки, що гріхи вам прощаються ради Ймення Його. Пишу вам, батьки, бо ви пізнали Того, Хто від початку. Пишу вам, юнаки, бо перемогли ви лукавого. Пишу, діти, вам, бо ви пізнали Отця. Я писав вам, батьки, бо ви пізнали Того, Хто від початку. Писав я до вас, юнаки, бо міцні ви, і Слово Боже в вас пробуває, і лукавого перемогли ви.

В залежності від того, як ми змінили себе, щоби мати щире серце, Бог дає нам віру згори. Це така віра, маючи яку ми можемо вірити від усього серця, тобто «за допомогою Духу народжувати дух». Ось що робить Святий Дух: Він дозволяє нам народити дух і допомагає збільшити свою віру. Святий Дух входить у наше серце і навчає про гріх, праведність і суд (Євангеліє від Івана 16:7-8). Він допомагає нам вірити в Ісуса Христа.

Він також допомагає нам зрозуміти духовне значення, яке містить у собі Боже Слово, і прийняти його у своє серце. У цьому процесі ми можемо повернути собі образ Бога і стати справжньою дитиною Бога, людиною духу і повного духу.

Щоби наш дух виріс, спершу ми повинні зруйнувати свої тілесні думки. Тілесні думки з'являються тоді, коли неправда, яка живе у нашому серці, виходить через неправедну роботу душі. Наприклад, якщо ви маєте зло у своєму серці і якщо ви почули, як про вас розпускають плітки, спершу у вас проявиться неправедна робота душі. У вас з'являться тілесні думки, ви вважатимете, що та людина нечемна, ви образитесь, також можуть виникнути інші негативні почуття.

У цю мить душею управляє сатана. Саме сатана докидає вам лихі думки. Завдяки такій роботі душі збуджується неправда у серці, яка є тілесною справою, характер, ненависть, погані почуття і гордість. Замість того, щоби спробувати зрозуміти інших людей, у ту ж мить ви забажаєте протистати тій людині.

Ці справи тіла, про які згадувалося раніше, також належать тілесним думкам. Якщо самовдоволення, самосприйняття або власні думки походять від роботи душі, вони також є ділами тіла. Припустимо, людина має такі рамки думок, що вважає правильним не йти на компроміс у вірі. Тоді вона просто продовжуватиме думати, що її думки правильні, і зруйнує мир з іншими навіть у ситуаціях, коли людина повинна зважати на рівень віри та інші обставини людей. Також припустимо, людина має певну думку щодо якогось питання, і вірить, що буде важко досягти чогось, зважаючи на дійсність ситуації. Тоді це також вважається тілесною думкою.

Навіть після отримання Святого Духу, прийнявши Господа Ісуса, ми все ще маємо тілесні думки, бо маємо діла тіла, яких ще не позбулися. Ми маємо духовні думки, коли ми відновлюємо знання істини, яким є Боже Слово, але маємо тілесні думки, коли відновлюється знання неправди. Святий Дух не може мобілізувати знання істини так само, як ми маємо ці тілесні думки.

Тому у Посланні до римлян 8:5-8 написано: «Бо ті, хто ходить за тілом, думають про тілесне, а хто за духом про духовне. Бо думка тілесна то смерть, а думка духовна життя та мир, думка бо тілесна ворожнеча на Бога, бо не кориться Законові Божому, та й не може. І ті, хто ходить за тілом, не можуть догодити Богові».

У цьому уривку говориться про те, що ми можемо досягти рівня духу лише коли зруйнуємо свої тілесні думки.

Люди, які перебувають у тілі, мають лише тілесні думки і в результаті вони мають думки, слова і поведінку, які йдуть всупереч Богу.

Одним із найбільш явних прикладів протистояння Богові внаслідок тілесних думок, -- є історія царя Саула, записана у 1 Книзі Самуїловій 15. Бог наказав йому напасти на Амалика, сказавши, щоби він знищив все, що було у того народу. То було частиною покарання, яке той народ повинен був отримати за те, що у минулому повстав проти Бога.

Але, перемігши, Саул взяв собі гарну худобу, сказавши, що бажає принести її у жертву Богові. Він також взяв у полон царя амаликського замість того, щоби вбити його. Він хотів показати у вигідному світлі свою справу. Він не послухався, тому що мав тілесні думки, які походили з його пожадливості і гордовитості. Оскільки він був засліплений своєю пожадливістю і гордовитістю, він продовжував користуватися своїми тілесними думками і, кінець кінцем, його спіткала жалюгідна смерть.

Основною причиною тілесних думок є неправда у нашому серці. Якщо ми маємо лише знання істини у своєму серці, ми ніколи не матимемо тілесних думок. Люди, які не мають тілесних думок, безумовно матимуть лише духовні думки. Вони слухаються голосу і керівництва Святого Духу, тому їх може любити Бог, і вони відчують Його справи.

Тому це означає, що ми повинні старанно позбуватися неправди і наповнювати себе знанням істини, яким є Боже Слово. Наповнювати себе знанням істини не означає, що ми маємо ці знання лише у розумі, але ми повинні відчувати і зрощувати своє серце за допомогою Божого Слова. У той же час ми повинні замінити власні думки духовними думками. Коли ми взаємодіємо з іншими людьми, або стаємо свідками певних подій, ми не повинні осуджувати, покладаючись на власну точку зору, але намагатися побачити їх в істині. Ми повинні постійно перевіряти, чи поводилися ми з іншими людьми з добром, любов'ю і правдивістю кожної миті, так щоби ми могли змінитися. Так ми можемо вирости духовно.

Обробка доброї землі

У Книзі Приповістей 4:23 написано: «Над усе, що лише стережеться, серце своє стережи, бо з нього походить життя». Тут говориться про те, що джерело, яке дає нам вічне життя, походить з нашого серця. Ми можемо зібрати плоди лише після того, як посіємо зерна у землю, щоби вони пустили паростки, зацвіли і дали плоди. Таким же чином ми можемо принести духовні плоди лише після того, як зерно Божого Слова впаде на поле нашого серця.

Боже Слово, яке є джерелом життя, виконує дві функції, коли посіяне у серці. Воно виполює гріхи і неправду з нашого серця і допомагає збирати врожай. В Біблії існує велика кількість заповідей, але вони підпадають під одну з чотирьох категорій: робіть; не робіть; тримайтеся і позбувайтеся певних речей. Наприклад, Біблія говорить нам «позбуватися» пожадливості і всіх форм зла. Також прикладами наказу «Не робіть» можуть бути «Не ненавидьте» або «Не осуджуйте». Якщо ми виконуємо ці заповіді, гріхи будуть викорінені з нашого серця. Це означає, що Боже Слово входить у наше серце і обробляє його, перетворюючи на добру землю.

Але все те було би марним, якби ми, пооравши поле, зупинилися. Ми повинні сіяти зерна істини і добра на зораному полі, щоби мати змогу принести дев'ять плодів Святого Духу, благословення Заповідей блаженства і духовної любові. Приносити плоди означає виконувати заповіді, які говорять нам триматися чогось, або робити певні речі. Якщо ми тримаємося наказів Бога і застосовуємо на практиці Божі заповіді, ми зрештою принесемо плоди.

Процес становлення людиною духу, як було сказано у першій половині розділу про «Обробку», схоже з обробкою поля нашого серця. Ми перетворюємо необроблене поле на поле родючої землі, орючи його, прибираючи камені і висмикуючи бур'яни. Так само, ми повинні позбутися всіх справ тіла і всього тілесного у покорі до Божого Слова, яке говорить нам «Не робити» і «Позбутися» певних речей. Кожна людина має різні види зла. Тому якщо ми висмикнемо коріння зла, яке вважаємо найважчим для видалення, всі інші види зла, прикріплені до нього, вийдуть разом із ним. Наприклад, якщо людина, яка має велику міру ревнощів, видаляє ревнощі, інші види зла, прикріплені до нього: ненависть, плітки і брехня, висмикнуться разом із ним.

Якщо ми висмикнемо головний корінь гніву, інші форми зла: роздратування і розчарування, також видаляться. Якщо ми молимося і намагаємося позбутися гніву, Бог дає нам благодать і силу, а Святий Дух допомагає позбутися гріха.

Якщо ми продовжуємо звертатися до Слова істини у своєму повсякденному житті, ми матимемо повноту Святого Духа, а тілесна сила стане слабшою. Припустимо, ми гніваємося десять разів на день, але оскільки частота зменшуватиметься до дев'яти, семи, п'яти разів, зрештою наш гнів зникне. Таким чином, якщо ми перетворимо своє серце на добру землю, позбувшись гріховної природи, воно стане серцем «духу».

І насамперед ми повинні посадити Слово істини, яке говорить нам робити і виконувати певні речі: любити, прощати, служити іншим людям і дотримуватись суботи. Ми не починаємо наповнювати себе істиною, завершивши позбуватися всієї неправди. Позбуватися неправди і замінювати її істиною необхідно одночасно. Відколи ми матимемо у своєму серці лише істину внаслідок цього процесу, можна вважати, що ми стали людьми духу.

Одним із гріхів, якого ми маємо позбутися, щоби стати людиною духу, є зло, яке живе в нашій первинній природі. Якщо порівняти це із землею, гріхи первинної природи – це ніби ознаки землі. Ці гріхи передаються від батьків дітям через життєву енергію, або те, що називається «чі». Також якщо ми встановлюємо зв'язок і приймаємо зло під час свого росту, наш характер погіршується. Зло у нашому первинному характері не виявляється у звичайних обставинах, і це важко зрозуміти.

Тож навіть якщо ми маємо позбутися видимих гріхів і зла, які знаходяться глибоко у нашій природі, це буде нелегким завданням. Для цього ми повинні палко молитися і витратити зусилля, щоби знайти і позбутися його.

У деяких випадках наш духовний ріст зупиняється після того, як ми дійшли до певної точки. Це відбувається через зло у нашій природі. Щоби позбутися бур'янів, ми повинні вирвати їх з корінням, а не лише відірвати листочки і стебла. Так само ми можемо мати серце духу лише коли зрозуміємо і видалимо із себе зло. Відколи ми стали таким чином людьми духу, наша совість буде істиною, і серце також сповниться лише істиною. Це означає, що наше серце стане духом.

Сліди тіла

Люди духу не мають зла у серці, і оскільки вони сповнені Духом, вони завжди щасливі. Але це не все. Вони все ще мають «сліди тіла». Сліди тіла пов'язані з особистістю або оригінальною природою кожної людини. Наприклад, деякі люди правдиві, праведні і відверті, але їм не вистачає великодушності і співчуття. Інші можуть бути сповнені любові і радіти, віддаючи іншим людям, але вони можуть бути надто емоційними, або їхні слова і поведінка можуть бути грубими.

Оскільки ці властивості залишаються наче сліди тіла у характері людей, вони все рівно впливають на людей, коли вони входять у дух. Це можна порівняти з одягом, на якому є застарілі плями. Неможливо отримати знову початковий колір матеріалу, якщо сильно прати одяг. Сліди тіла не можна вважати злом, але ми повинні позбутися їх і цілком сповнитися дев'ятьма плодами Духу, що дозволить нам увійти у повний дух. Ми можемо сказати, що серце, яке не має неправди, ніби добре зоране поле, -- це «дух». Якщо зерна посіяні у добре оброблену землю-серце, яка дасть прекрасний врожай плодів духу, тоді таке серце можна вважати серцем «повного духу».

Коли цар Давид увійшов у дух, Бог дозволив, щоби він пережив випробування. Одного дня Давид наказав Йоаву зробити перепис. Це означає, що вони прераховували чоловіків, які могли піти на війну. Йоав знав, що це було неправильно в очах Бога, і спробував відговорити Давида від цього. Але Давид не послухав. В результаті Божий гнів розпалився на Давида, і багато людей загинуло від моровиці.

Давид добре знав Божу волю, тоді як же він міг так зробити, щоби подібне сталося? Давида довгий час переслідував цар Саул, він також воював з поганами. Одного разу його переслідував власний син, загрожуючи його життю. Але минуло багато часу і політична сила Давида стала надійною, сила його народу збільшилася, він став слабким, тому що його розум розслабився. Тепер він хотів похвалитися великою кількістю населення у своїй країні.

Як написано у Книзі Вихід 30:12: «Коли будеш робити перелік Ізраїлевих синів за тими, кого повинно лічити, то дадуть вони кожен викупа за душу свою ГОСПОДЕВІ при переліку їх, і не буде між ними моровиці при переліку їх», Бог одного разу наказав синам народу Ізраїля зробити перепис після Виходу, але для того, щоби організувати людей. Кожен з них повинен був дати викуп за себе ГОСПОДУ щоби вони пам'ятали, що життя кожної дитини перебуває під захистом Бога, щоби люди були покірними. Робити перепис – це не гріх. Його можна робити за необхідністю. Але Бог бажав покори перед Ним, щоби люди визнали факт, що сила чисельності населення знаходиться в руках Бога.

Але Давид зробив перепис незважаючи на те, що Бог нс наказував йому це зробити. По суті таким чином відкрилося його серце, яке покладалося не на Бога, а на людей. Мати велику кількість людей означало, що цар мав велику кількість солдат, і його народ був сильним. Коли Давид зрозумів свою провину, він негайно покаявся, але його завжди спіткали великі випробування. На всю землю Ізраїля найшла моровиця, від якої одразу померло 70 000 людей.

Звичайно, така велика кількість померлих була спричинена не лише зарозумілістю Давида. Цар може робити перепис у будь-який час. Він не мав наміру зогрішити. Тому з точки зору людей ми не можемо сказати, що він зогрішив. Але в очах безгрішного Бога, Він міг сказати, що Давид не покладався повністю на Бога і був гордовитим.

Існують речі, які не вважаються злом з точки зору людей, але з точки зору бездоганного Бога це може вважатися гріхом. Це «сліди тіла», які залишаються після освячення людини. Бог дозволив, щоби таке випробування відбулося з народом Ізраїлю через Давида щоби зробити його бездоганнішим, усунувши сліди тіла. Але основною причиною того, чому моровиця прийшла у землю народу Ізраїля є те, що гріхи людей розбудили гнів Бога. У 2 Книзі Самуїловій 24:1 написано: «І знову запалився ГОСПОДНІЙ гнів на Ізраїля, і намовив сатана Давида проти них, говорячи: Іди, перелічи Ізраїля та Юду!»

Тож під час моровиці гарні люди, які могли спастися, не отримали покарання. Люди, які загинули, були грішниками, їхні гріхи були неприйнятними для Бога. Давид плакав і щиро покаявся, бачачи, як люди помирають через його неправильну поведінку. Отже, Бог зробив дві справи в цій ситуації. Він покарав грішників і в той же час очистив Давида.

Після покарання Бог дозволив Давидові принести жертву за гріх на току євусеянина Аравни. Давид зробив так, як велів Бог. Він обрав те місце і почав готуватися до спорудження храму. Тож ми бачимо, що він повернув собі благодать Бога. Внаслідок цього випробування Давид принизив себе ще більше, то був крок для того, щоби увійти у повний дух.

Доказ перебування у повному дусі

Якщо ми досягли рівня повного духу, будуть докази, які означають, що ми приносимо рясні плоди духу. Але це не означає, що ми не приноситимемо плоди доки не досягнемо рівня повного духу. Люди духу перебувають у процесі принесення плодів духовної любові, плодів Світла, дев'яти плодів Святого Духу і Заповідей блаженства. Оскільки вони все ще перебувають у процесі принесення плодів, вони не принесли ті плоди повністю. Кожна людина духу має різні рівні принесення духовних плодів.

Наприклад, якщо людина виконує Божі заповіді, які наказують нам «триматися» і «позбуватися» певних речей, вона не матиме ненависті і поганих почуттів у будь-якій ситуації. Але різні люди духу матимуть відмінності у мірі принесення плодів і в залежності від наказу Бога, який говорить нам «робити» певні речі. Наприклад, Бог говорить, щоби ми «любили». Є рівень, коли ви просто не ненавидите інших, а є рівень, коли ви можете зворушити серце інших людей активним служінням. Крім того, існує рівень, коли ви можете навіть віддати своє життя за інших. Якщо такі справи відбуваються постійно і бездоганно, можна сказати, що ви зростили повний дух.

Існують також відмінності між людьми в залежності від міри принесення плоду Святого Духу. Людина духу може приносити певний плід на 50% від повної міри, а інший плід на 70%. Людина може мати багато любові, але їй не вистачатиме самоконтролю. Або вона може мати багато вірності, але їй бракуватиме лагідності.

Але люди повного духу приносять кожен плід Святого Духу повністю, у найвищій мірі. Святий Дух рухає і контролює їхнє серце на 100%, так що вони мають гармонію в усьому і ні в чому не відчувають нестачу. Вони мають палаючу пристрасть до Господа, мають бездоганний самоконтроль, поводяться відповідно у кожній ситуації.

Вони лагідні і м'які, як бавовна, однак мають почуття власної гідності і владу, як у лева. Вони мають любов шукати вигоди для інших в усьому і навіть принести себе у жертву за інших, але вони не мають жодних упереджень. Вони коряться Божій справедливості. Навіть коли Бог наказує їм зробити щось неможливе з точки зору людських здібностей, вони просто коряться, промовляючи «Так» і «Амінь».

Зовні справи покори для людей духу і людей повного духу можуть здаватися однаковими, але насправді вони відрізняються. Люди духу коряться тому що люблять Бога, тоді як люди повного духу коряться, розуміючи глибоке серце і наміри Бога. Люди повного духу стали істинними Божими дітьми, мають Його серце, досягли повної міри Христа у кожному аспекті. Вони здійснюють освячення в усьому і мають мир з усіма, а також є вірними в усьому Божому домі.

У 1 Посланні до солунян 4:3 написано: «Бо це воля Божа, освячення ваше: щоб ви береглись від розпусти». А у 1 Посланні до солунян 5:23 написано: «А Сам Бог миру нехай освятить вас цілком досконало, а непорушений дух ваш, і душа, і тіло нехай непорочно збережені будуть на прихід Господа нашого Ісуса Христа!»

Прихід Господа Ісуса Христа означає, що Він прийде щоби забрати Своїх дітей перед семирічним великим горем. Це означає, що ми повинні досягти рівня повного духу і зберігати себе завершеними, щоби зустріти Господа до того, як це відбудеться. Відколи ми досягнемо повного духу, наша душа і тіло належатиме духу і, залишаючись бездоганними, ми зможемо отримати Господа.

Благословення, дані людям духу і повного духу

У людей духу душа процвітає, так що все процвітає разом з ними і вони здорові (3 Послання Івана 1:2). Вони позбулися навіть зла, яке було глибоко в їхньому серці, так що вони є святими дітьми Бога у справжньому розумінні. Так вони можуть насолоджуватися духовною владою як діти Світла.

По-перше, вони здорові і не хворіють. Відколи ми увійшли у дух, Бог захищає нас від хвороб і нещасливих випадків, і ми можемо насолоджуватися здоровим життям. Навіть ставши старими, ми не постаріємо і не станемо слабкими, у нас не буде зморшок. Крім того, якщо ми увійдемо у повний дух, навіть зморшки розгладяться. Ми помолодшаємо і повернемо собі здоров'я.

Коли Авраам пройшов випробування принесення у жертву Ісака, він увійшов у повний дух. Від нього продовжували народжуватися діти навіть після того, як він досяг 140-річного віку. Це означає, що він омолодився. Також Мойсей був більш покірним і лагідним, ніж будь-хто на землі, він працював протягом 40 років, у віці 80 років отримавши покликання від Бога. Навіть коли йому було 120 років «не затемнилось око його, і вологість його не зменшилась» (Книга Повторення Закону 34:7).

По-друге, люди духу не мають лиха у серці, тому ворог, диявол і сатана, не може надіслати їм випробування і горе. У 1 Посланні Івана 5:18 написано: «Ми знаємо, що кожен, хто народився від Бога, не грішить, бо хто народився від Бога, той себе береже, і лукавий його не торкається». Ворог, сатана і диявол, звинувачує людей тіла і посилає їм випробування і горе.

Йов спочатку перебував у становищі, коли він ще не позбувся всього зла, тому коли сатана звинуватив його перед Богом, Бог дозволив відбутися випробуванням і горю з ним. Йов зрозумів свої гріхи і покаявся, коли проходив крізь ті випробування, які спіткали його внаслідок звинувачень сатани. Але після того, як він позбувся зла зі своєї природи і увійшов у дух, сатана більше не міг звинувачувати Йова. Тому Бог благословив його подвійною порцією того, що він досі мав.

По-третє, люди духу ясно чують голос і отримують керівництво Святого Духу, тож вони ідуть до шляху процвітання в усьому. Серце людей духу стало істинним, так що вони фактично живуть Божим Словом. Вони все роблять у відповідності до істини. Вони отримують чітке спонукання Святого Духу і коряться Йому. Також якщо вони про щось моляться, вони живуть із незмінною вірою доки не отримають відповідь на свою молитву.

Якщо ми завжди коритимемось, Бог направлятиме нас, дасть мудрість і розуміння. Якщо ми повністю передамо все у руки Бога, Він захистить нас навіть якщо ми помилково станемо на шлях, який не відповідає Його волі. Навіть якщо для нас приготована яма, Він змусить нас обійти її, або все оберне на добро.

По-четверте, люди духу швидко отримують все, про що попросять; вони можуть навіть отримати відповідь просто приховавши дещо у своєму серці. У 1 Посланні Івана 3:21-22 написано: «Улюблені, коли не винуватить нас серце, то маємо відвагу до Бога, і чого тільки попросимо, одержимо від Нього, бо виконуємо Його заповіді та чинимо любе для Нього». Таке благословення зійде на них.

Навіть ті люди, які не мають певних умінь або знань, можуть отримати не лише духовні, але також матеріальні благословення у великій кількості, лише якщо вони увійдуть у дух, тому що Бог приготує все для них і направлятиме їх.

Коли ми сіємо і просимо з вірою, ми отримаємо благословення мірою доброю, натоптаною, струснутою й переповненою (Євангеліє від Луки 6:38), але коли ми увійшли у дух, ми пожнемо у 30 разів більше і увійшовши у повний дух, пожнемо у 60 або 100 разів більше. Ті люди духу і повного духу можуть отримати будь-що, лише тримаючи це в серці.

Благословення, дані людям повного духу, неможливо описати у повній мірі. Вони втішаються у Богові, тому Бог втішається у них, і як написано у Псалмі 36:4: «Хай ГОСПОДЬ буде розкіш твоя, і Він сповнить тобі твого серця бажання!», Бог зі Своєї сторони дає їм все, що їм потрібно: гроші, славу, владу або здоров'я.

Такі люди особисто не відчуватимуть нестачу ні в чому і не матимуть нічого, про що матимуть молитися для себе особисто. Тож вони завжди молитимуться про царство і праведність Бога, а також про душі, які ще не знають Бога. Їхні молитви -- прекрасний, густий аромат перед Богом, тому що їхні молитви добрі, в них немає зла, вони про душі інших людей. Отже, Бог втішається ними.

Коли люди, які увійшли у повний дух, люблять душі і накопичують палкі молитви, вони також можуть явити дивовижну силу, про яку написано у Книзі Дії 1:8: «Та ви приймете силу, як Дух Святий злине на вас, і Моїми ви свідками будете в Єрусалимі, і в усій Юдеї та в Самарії, та аж до останнього краю землі». Як говорилося раніше, люди духу і повного духу люблять Бога більше за все і догоджають Богові. І вони отримують благословення, обіцяні в Біблії.

Розділ 2

Початковий план Бога

Бог не хотів, щоби Адам жив вічно, не знаючи, що таке справжнє щастя, радість, вдячність і любов. Тому Він посадив дерево знання добра і зла, щоби Адам зрештою зміг відчути всі тілесні справи.

Чому Бог не створив людей як дух?

Важливість свободи волі і пам'яті

Намір у створенні людей

Бог бажає отримати славу від істинних дітей

Зрощення людства – це процес, де люди тіла змінюються, знову стаючи людьми духу. Якщо ми мне розуміємо цього факту і просто ходимо до церкви, це не матиме значення. Існує багато людей, які ходять до церкви, але не народилися знову від Святого Духу, і тому вони не мають впевненості у спасінні. Мета життя у християнській вірі – не просто отримати спасіння, але також повернути собі образ Бога і ділитися з Ним своєю любов'ю, постійно прославляти Його як Його істинні діти.

Який же початковий намір мав Бог у створенні Адама як живого духа і у зрощенні людей на цій землі? У Книзі Буття 2:7-8 написано: «І створив ГОСПОДЬ Бог людину з пороху земного. І дихання життя вдихнув у ніздрі її, і стала людина живою душею. І насадив ГОСПОДЬ Бог рай ув Едені на сході, і там осадив людину, що її Він створив».

Бог створив небо і землю головним чином Своїм Словом. Але людину Він сформував власними руками. Також небесне воїнство і анголи небесні були створені як духи. Однак, незважаючи на те, що було наперед задумано, щоби людина також зрештою жила на небесах, так не відбулося. Чому Бог розпочав такий складний процес створення людини із пороху земного? Чому Він просто не створив людей як духів від початку? У цьому полягає особливий план Бога.

Чому Бог не створив людей як дух?

Якби Бог створив людей не з пороху земного, а як дух, люди не змогли б відчути нічого тілесного. Якщо вони були створені лише як дух, вони скорилися би Божому Слову і ніколи не їли б з дерева знання добра і зла. Властивість землі може змінитися в залежності від того, що ви покладете у неї. Причина, чому Адам міг розбеститися не зважаючи на той факт, що він перебував у духовному просторі, полягала у тому, що він був створений з пороху земного. Але це не означає, що він розбестився від самого початку.

Еденський рай – це духовний простір, сповнений енергією Бога, і тому сатані неможливим було посадити будь-які тілесні ознаки у серці Адама. Але оскільки Бог наділив Адама свободою волі, він міг прийняти тілесне, якщо він мав бажання і був готовий це зробити. Незважаючи на те, що Адам був живим духом, тілесне могло увійти у нього, якби тільки він свідомо, зі своєї власної волі прийняв тілесне. Після довгого періоду часу він відкрив своє серце спокусі сатани і прийняв тілесне.

Насправді, Бог дав людині свободу волі насамперед для зрощення людства. Якби Бог не наділив Адама свободою волі, він би взагалі не прийняв нічого тілесного. Це також означає, що зрощення людства ніколи не відбулося б. У Божому плані для людей мало відбутися зрощення, і у Своєму всезнанні Бог не створив Адама як духовну істоту.

Важливість свободи волі і пам'яті

У Книзі Буття 2:17 написано: «Але з дерева знання добра й зла не їж від нього, бо в день їди твоєї від нього ти напевно помреш!» Як говорилося вище, Божий план існував у тому, що Він створив Адама із пороху земного і наділив його свободою волі. Це було для зрощення людства. Люди можуть стати істинними дітьми Бога лише після проходження через процес зрощення людства.

Однією з причин того, що гріх увійшов в Адама, була його свобода волі, але іншою причиною було те, що він не тримався Божого Слова у своєму розумі. Триматися Божого Слова означає закарбувати Його Слово у серці і застосовувати його на практиці, не змінюючи.

Деякі люди продовжують робити одну і ту саме помилку, тоді як інші не роблять її двічі. Це походить від різниці запам'ятовування і не тримання у пам'яті. Гріх увійшов в Адама, тому що він не розумів важливості тримання Божого Слова у своєму розумі. З іншого боку, ми можемо повернути собі стан духу, дотримуючись Божого Слова у своєму розумі і виконуючи його. Тому важливо тримати Боже Слово у своєму розумі.

Якщо люди, чий дух був мертвий внаслідок первісного гріха, приймали Ісуса Христа і отримували Святого Духа, їхній мертвий дух відновлювався. Від цього моменту, якщо люди тримали Боже Слово у своєму розумі і застосовували його на практиці у своєму житті, вони народжуватимуть дух через Дух. Вони зможуть швидко отримати духовний зріст. Отже, триматися Божого Слова і незмінно застосовувати його на практиці відіграє дуже важливу роль у поверненні собі духа.

Намір у створенні людей

На небесах існує багато духовних істот, ангелів, які підкоряються Богові весь час. Але окрім незначної кількості особливих випадків, вони не мають людської природи. Вони не мають свободи волі, за допомогою якої вони можуть захотіти поділитися своєю любов'ю. Тому Бог створив першу людину, Адама, як істоту, з якою Він міг поділитися Своєю істинною любов'ю.

Лише на мить уявіть собі, який щасливий був Бог, коли створював першу людину, Адама. Формуючи губи Адама, Бог бажав, щоби він прославляв Бога; створюючи вуха, Він бажав, щоби Адам слухав голос Бога і корився Йому; створюючи очі Адама, Бог бажав, щоби він бачив і відчував красу всього, що Він створив, і прославляв Бога.

Бог створив людей щоби отримувати хвалу і славу від них і ділитися з ними Своєю любов'ю. Він бажав мати дітей, з якими Він міг поділитися красою всього у всесвіті і на небесах. Він бажав насолоджуватися щастям з ними вічно.

У Книзі Об'явлення ми бачимо тих дітей Божих, які отримали спасіння, прославляють і хвалять Бога перед Його престолом у вічності. Коли вони потраплять на небеса, там буде так гарно і радісно, що вони зможуть лише прославляти Бога і поклонятися Йому від глибини свого серця, тому що Божий план такий глибокий і незбагненний.

Люди були створені як живий дух, але стали людьми тіла. Але якщо вони знову стали людьми духу, відчувши всі види радості, гніву, любові і горя, вони можуть стати істинними дітьми Бога, які дають любов, подяку і славу Богові від щирого серця.

Коли Адам жив в еденському раї, його не можна було вважати істинною дитиною Бога. Бог навчив його лише добру та істині, і тому він не знав, що таке гріх і зло. Він не знав, що таке нещастя і біль. Еденський рай – це духовний простір, де немає смерті.

Тому Адам не знав, що таке смерть. Незважаючи на те, що він жив у великому достатку і багатстві, він не міг відчувати справжнє щастя, радість і вдячність. Оскільки Адам ніколи не зазнавав горя або нещастя, він не міг відчути істинну радість або щастя. Він не знав, що таке ненависть, не знав справжньої любові. Бог не хотів, щоби Адам жив вічно, не знаючи, що таке справжнє щастя, радість, вдячність і любов. Тому Він помістив, дерево знання добра і зла в еденському раї, щоби Адам зрештою міг відчути, що таке тіло.

Коли люди, які відчули тілесний світ, знову стали Божими дітьми, вони безперечно зрозуміли, яким є добрий дух і якою дорогоцінною є істина. Тепер вони можуть по-справжньому дякувати Богові за дар вічного життя. Відколи ми зрозуміли серце Бога, ми не будемо сумніватися у намірі Бога створити дерево знання добра і зла і у тому, що Він змусив людей страждати через це. Але звичайно, ми дякуватимемо і прославлятимемо Бога за те, що Він віддав Свого єдиного Сина Ісуса заради спасіння людства.

Бог бажає отримати славу від істинних дітей

Бог зрощує людство не лише для того, щоби отримати істинних дітей, але також для того, щоби через них прославитися. У Книзі Пророка Ісаї 43:7 написано: «І кожного, хто тільки зветься Іменням Моїм, і кого Я на славу Свою був створив, кого вформував та кого Я вчинив». Також у 1 Посланні до коринтян 10:31 написано: «Тож, коли ви їсте, чи коли ви п‘єте, або коли інше що робите, усе на Божу славу робіть!»

Бог є Бог любові і справедливості. Він не лише приготував небеса і вічне життя для нас, але також віддав Свого єдиного Сина, щоби спасти нас. Бог гідний отримати славу лише за це. Але Бог насправді хотів не лише отримати славу. Основною причиною того, чому Бог бажає отримати славу, -- це повернути славу людям, які прославили Бога. В Євангелії від Івана 13:32 написано: «Коли в Ньому прославився Бог, то і Його Бог прославить у Собі, і зараз прославить Його!»

Коли Бог прославляється через нас, Він дає нам благословення, які переливаються через край, на цій землі, і Він дасть нам вічну славу у Небесному Царстві також. У 1 Посланні до коринтян 15:41 написано: «Інша слава для сонця, та інша слава для місяця, та інша слава для зір, бо зоря від зорі відрізняється славою!»

Тут говориться про різні оселі і славу у Небесному Царстві для кожного з нас, хто отримав спасіння. Небесні оселі і слава буде дана кожному відповідно до того, як ми позбулися своїх гріхів, щоби мати чисті і святі серця, а також залежатиме від того, як вірно ми служимо для Божого Царства. Якщо ми їх отримали, ніщо не може змінитися.

Бог створив людей, щоби отримати істинних дітей, які належать духові. Первинний план Бога полягав у тому, щоби люди добровільно забажали позбутися всього тілесного і душі, яка належить неправді, і перетворилися на людей духу і повного духу. Такий первинний намір Бога щодо створення і зрощення людства, виповниться через людей, які стали людьми духу і повного духу.

Як ви вважаєте, скільки людей із тих, хто живе сьогодні

на землі, гідні мети Бога щодо створення людства? Якщо ми дійсно розуміємо ціль Бога щодо зрощення людства, ми безперечно повернемо собі образ Бога, який було втрачено через гріхопадіння Адама. Ми будемо бачити, чути і говорити лише в істині, і всі наші думки і справи будуть святими і бездоганними. Так ми можемо стати істинними дітьми Бога, які мають більшу радість, ніж радість Бога, яку Він мав після створення першої людини, Адама. Такі істинні діти Бога насолоджуватимуться на небесах славою, яку неможливо навіть порівняти зі славою, якою живий дух, Адам, насолоджувався в еденському раї!

Розділ 3

Справжня людська істота

Бог створив людей за власним образом. Бог дійсно бажає, щоби ми повернули собі втрачений образ Бога і стали спільниками божественної природи Бога.

Весь обов'язок людей

Бог ходив з Енохом

Божий друг Авраам

Мойсей любив свій народ більше, ніж власне життя

Апостол Павло став схожим на Бога

Він називав їх богами

Якщо ми застосовуємо Боже Слово на практиці, ми можемо повернути собі серце духа, сповнене знанням істини, яке мав Адам, коли був живим духом до свого гріхопадіння. Весь обов'язок людини полягає у тому, щоби повернути собі образ Бога, який було втрачено в результаті гріхопадіння Адама, і взяти участь у божественній природі Бога. В Біблії ми бачимо, що люди, які отримали Боже Слово і передавали його, які розповідали про таємниці Бога, хто являв силу Бога, показуючи живого Бога, вважалися такими славними, що навіть царі вклонялися їм. Це тому, що вони були істинними дітьми Всевишнього Бога (Псалом 81:6).

Вавилонський цар Навуходоносор одного дня побачив сон і занепокоївся. Він покликав чарівників і халдеїв, щоби вони розтлумачили для нього сон. При цьому він не розповів, що саме побачив. Це неможливо було зробити за допомогою людської сили, а лише за допомогою сили Бога, Котрий не живе у тілі людини.

Тоді Даниїл, чоловік Божий, попросив царя дати йому час щоби розтлумачити його сон. Бог відкрив Даниїлу таємницю уві сні. Даниїл постав перед царем, розповів йому сон і розтлумачив його. Тоді цар Навуходоносор впав на своє лице і засвідчив свою пошану Даниїлові, наказавши зробити йому підношення і подарувати ароматний фіміам, і також прославив Бога.

Весь обов'язок людей

Цар Соломон мав розкоші і багатства більше, ніж будь-хто на цій землі. Заснована на об'єднаному царстві, яке заснував його батько Давид, сила його країни зростала, і багато країн-сусідів платили йому данину. Під час його правління царство було на піку своєї слави (1 Книга Царів 10).

Але з часом він забув Божу благодать. Він думав, що все було зроблене лише його силою. Він зневажив Боже Слово і порушив наказ Бога про заборону одруження на поганських жінках. Він взяв собі багато поганських наложниць, коли став досить немолодою людиною. Крім того, він створив висоти, як бажали поганські наложниці, а також сам почав поклонятися ідолам.

Бог двічі попередив його не поклонятися іншим богам, але Соломон не скорився. Зрештою, Божий гнів розпалився на народ у наступному поколінні і Ізраїль розділився на два царства. Він міг взяти все, що бажав, але в останні дні свого життя він промовив: «Наймарніша марнота, наймарніша марнота, марнота усе!» (Книга Екклезіяста 1:2).

Він зрозумів, що все у цьому світі позбавлене сенсу, і сказав: «Підсумок усього почутого: Бога бійся, й чини Його заповіді, бо належить це кожній людині!» (Книга

Екклезіяста 12:13). Він промовив, що весь обов'язок людей – боятися Бога і виконувати Його заповіді.

Що це означає? Боятися Бога означає ненавидіти все лихе (Книга Приповістей 8:13). Люди, які люблять Бога, позбудуться зла і виконуватимуть Його заповіді. Таким чином вони виконають весь обов'язок людей. Нас можна назвати справжніми людьми якщо ми повністю зрощуємо серце Господа, щоби повернути собі образ Бога. Тож тепер давайте зануримося у деякі приклади життя патріархів і людей істинної віри, які догоджали Богові.

Бог ходив з Енохом

Бог ходив з Енохом протягом трьохсот років і забрав його живим. Заплата за гріх смерть, і той факт, що Енох був забраний на небеса, не побачивши смерті, є підтвердженням того, що Бог визнав його безгрішним. Він зростив чисте і бездоганне серце, яке було схоже на серце Бога. Тому сатана не зміг звинуватити його ні в чому, коли його було забрано живим.

У Книзі Буття 5:21-24 записана історія: «І жив Енох шістдесят і п'ять літ, та й породив Метушалаха. І ходив Енох з Богом по тому, як породив він Метушалаха, три сотні літ. І породив він синів та дочок. А всіх Енохових днів було три сотні літ і шістдесят і п'ять літ. І ходив із Богом Енох, і не стало його, бо забрав його Бог».

«Ходити з Богом» означає, що Бог перебував з чоловіком весь час. Енох жив за волею Бога протягом трьохсот років.

Куди б він не пішов, Бог був поряд з ним.

Бог – це Світло, добро і любов. Щоби ходити з таким Богом, ми не повинні мати темряви у своєму серці, ми повинні сповнюватися добром і любов'ю. Енох жив у грішному світі, але залишався чистим. Він також передав послання Бога світові. У Посланні Юди 1:14 написано: «Про них же звіщав був Енох, сьомий від Адама, і казав: Ось іде Господь зо Своїми десятками тисяч святих». Як написано, він дозволив людям дізнатися про Друге Пришестя Господа і Суд.

В Біблії нічого не говориться про великі досягнення Еноха, або про те, що він зробив щось надзвичайне для Бога. Але Бог любив його дуже сильно, тому що той поважав Бога, жив святим життям і уникав всього лихого. Тому Бог забрав його у «молодому віці». Люди у той час жили більше 900 років, а Еноху було 365 років, коли він був забраний. Він був молодий, енергійний чоловік.

У Посланні до євреїв 11:5 написано: «Вірою Енох був перенесений на небо, щоб не бачити смерти; і його не знайшли, бо Бог переніс його. Бо раніш, як його перенесено, він був засвідчений, що Богові він догоди».

Навіть у наш час Бог бажає, щоби ми жили святим і благочестивим життям, мали чисте і прекрасне серце, не забруднилися цим світом, так що Він може ходити з нами весь час.

Божий друг Авраам

Бог бажав, щоби людству стало відомо, якою має бути істинна дитина Бога завдяки Аврааму, «отцю віри». Авраама було названо «джерелом благословення» і «другом Бога». Друг – це людина, якій ви можете довіряти, з якою ви можете поділитися своїми секретами. Звичайно, були часи очищення, доки Авраам не зміг повністю довіряти Богові. Отже, як Авраама було визнано другом Бога?

Авраам корився, промовляючи лише «Так» і «Амінь». Коли він спершу отримав поклик від Бога залишити своє рідне місце, він скорився, не знаючи навіть куди іти. Також Авраам шукав вигоди для інших і миру. Він жив разом зі своїм племінником Лотом, і коли вони мали розійтися, Авраам дав йому право першому обрати землю. Він мав право першого вибору як старший, дядько, але він поступився.

У Книзі Буття 13:9 Авраам промовив: «Хіба не ввесь Край перед обличчям твоїм? Відділися від мене! Коли підеш ліворуч, то я піду праворуч, а як ти праворуч, то піду я ліворуч».

Через те, що Авраам мав таке прекрасне серце, Бог дав йому ще одну обітницю благословення. У Книзі Буття 13:15-16 Бог пообіцяв: «Бо всю цю землю, яку бачиш, Я її дам навіки тобі та потомству твоєму. І вчиню Я потомство твоє, як той порох землі, так, що коли хто потрапить злічити порох земний, то теж і потомство твоє перелічене буде».

Одного дня об'єднані сили декількох царів напали на Содом і Гомору, де жив Лот, племінник Авраама, взяли у полон людей і забрали трофеї. Авраам повів своїх вправних слуг, що в домі його народились, три сотні й вісімнадцять, і погнався до Дану. Він вернув усе добро і свого родича Лота разом із його добром, а також жінок та людей.

Цар содомський хотів дати награбоване Авраамові, щоби віддячити йому, але Авраам промовив: «Від нитки аж до ремінця сандалів я не візьму з того всього, що твоє, щоб ти не сказав: Збагатив я Аврама» (Книга Буття 14:23). Не було неправедно брати щось у царя, але він відхилив пропозицію царя, щоби довести, що всі матеріальні благословення прийшли лише від Бога. Він шукав лише слави Бога своїм чистим серцем, вільним від егоїстичних бажань, і Бог щиро благословив його.

Коли Бог наказав Аврааму принести у жертву цілопалення свого сина Ісака, він негайно скорився, тому що довіряв Богу, Котрий міг воскрешати мертвих. Зрештою, Бог зробив його отцем віри, промовивши: «То благословляючи, Я поблагословлю тебе, і розмножуючи, розмножу потомство твоє, немов зорі на небі, і немов той пісок, що на березі моря. І потомство твоє внаслідує брами твоїх ворогів. І всі народи землі будуть потомством твоїм благословляти себе через те, що послухався ти Мого голосу» (Книга Буття 22:17-18). Крім того, Бог пообіцяв, що Син Бога, Ісус, Котрий спасе людство, народиться від його нащадків.

В Євангелії від Івана 15:13 написано: «Ніхто більшої

любови не має над ту, як хто свою душу поклав би за друзів своїх». Авраам був готовий принести у жертву свого єдиного сина Ісака, котрий був цінніший за його власне життя, таким чином висловлюючи свою любов до Бога. Бог зробив Авраама зразковим прикладом зрощення людства, назвавши його другом Бога за його велику віру і любов до Бога.

Бог всемогутній і тому Він може зробити будь-що і дати нам все. Але Він дає Своїм дітям благословення і відповідає на їхні молитви в залежності від того, як вони змінилися за допомогою істини у процесі зрощення людства, так що вони можуть відчути любов Бога, дякуючи за Його благословення.

Мойсей любив свій народ більше, ніж власне життя

Коли Мойсей був принцом Єгипту, він вбив єгиптянина, щоби допомогти своєму народу, і мав тікати з палацу фараона. Відтоді він жив у пустелі, протягом сорока років працюючи пастухом і доглядаючи за вівцями.

Мойсей перебував у скромному положенні, доглядаючи за вівцями у пустелі у країні Мідіян. Він мав залишити свою гордість і самовпевненість, які він мав, коли був принцом Єгипту. Бог з'явився перед скромним Мойсеєм і дав йому обов'язок вивести синів народу Ізраїльського з Єгипту. Для цього Мойсей мав ризикувати своїм життям, але він скорився і пішов до фараона.

Якщо розглянути поведінку синів Ізраїльського народу,

можна побачити, яке широке серце було в Мойсея, коли він прийняв і обійняв весь народ. Коли людей переслідували труднощі, вони нарікали на Мойсея і навіть намагалися побити його камінням.

Коли не було води, люди скаржилися, бо хотіли пити. Коли була вода, вони скаржилися, що немає їжі. Коли Бог дав їм манну з неба, вони скаржилися, що не було м'яса. Вони говорили, що мали гарну їжу в Єгипті, принижуючи значення манни, називаючи її поганою їжею.

Коли Бог зрештою відвернув від них Своє лице, змії із пустелі вийшли і жалили їх. Але вони могли спастися, тому що Бог почув щиру молитву Мойсея. Люди були свідками того, що Бог був з Мойсеєм довгий час, але зробили ідола, золоте теля, і поклонялися йому скоро після того, як перестали бачити Мойсея. Їх також обдурили поганські жінки, вчинивши перелюб, що також вважалося духовним перелюбом. Мойсей молився Богові зі сльозами, благаючи за свій народ. Він поставив своє життя під заставу заради їхнього прощення незважаючи на те, що вони не пам'ятали отриману ними благодать.

У Книзі Вихід 32:31-32 написано:

І вернувся Мойсей до ГОСПОДА та й сказав: О, згрішив цей народ великим гріхом, вони зробили собі золотих богів! А тепер, коли б Ти пробачив їм їхній гріх! А як ні, витри мене з книги Своєї, яку Ти написав...

Тут «витерти ім'я з книги» означає те, що він не отримав

би спасіння і страждав би у вічному вогні пекла, вічній смерті. Мойсей добре знав про це, але бажав, щоби люди отримали прощення, при цьому пожертвувавши собою.

Як ви вважаєте, що відчував Бог, коли побачив такого Мойсея? Мойсей розумів серце Бога, Котрий ненавидить гріхи, але бажає спасти грішників. Він догодив Богові. Бог дуже любив Мойсея. Бог почув його молитву любові про те, щоби сини народу Ізраїля змогли уникнути знищення.

Уявіть собі з однієї сторони алмаз. Він бездоганний, розміром з кулак. З іншої сторони – тисячі каменів подібного розміру. Який камінь буде дорогоціннішим? Незалежно від кількості каменів, жодна людина не поміняє свій алмаз. Так само цінність Мойсея, людини, яка виконала ціль зрощення людства, була більшою за мільйон людей, які того не зробили (Книга Вихід 32:10).

У Книзі Числа 12:3 про Мойсея написано так: «А той муж, Мойсей, був найлагідніший за всяку людину, що на поверхні землі». У Книзі Числа 12:7 Бог гарантує йому, промовляючи: «Не так раб мій Мойсей: у всім домі Моїм він довірений!»

У багатьох місцях Біблії говориться про те, наскільки сильно Бог любив Мойсея. У Книзі Вихід 33:11 написано: «І говорив ГОСПОДЬ до Мойсея лице в лице, як говорить хто до друга свого». Також у Книзі Вихід 33 ми читаємо про те, як Мойсей попросив Бога явитися йому, і Бог відповів.

Апостол Павло став схожим на Бога

Апостол Павло працював для Господа все своє життя, однак, його серце залишалося розбитим, коли він згадував про своє минуле життя, бо він переслідував Господа. Тож він з подякою і свідомо отримав всі суворі випробування, промовивши: «Я бо найменший з апостолів, що негідний зватись апостолом, бо я переслідував був Божу Церкву» (1 Послання до коринтян 15:9).

Він був ув'язнений, його били багато разів, часто перебував у небезпеці смерті. П'ять разів юдеї били його батогами, даючи по тридцять дев'ять ударів. Тричі його били прутами, один раз побивали камінням, тричі він потрапляв у корабельну аварію, день і ніч він провів у безодні. Він часто подорожував, був у небезпеці через річки, у небезпеці через розбійників, співвітчизників, поган, у містах, у пустелі, у морі, серед хибних братів; він був у праці і злиднях, у холоді і небезпеці, багато ночей не спав, потерпав від голоду і спраги, часто у нього зовсім не було їжі.

Його страждання були такими великими, що у 1 Посланні до коринтян 4:9 він сказав: «Бо я думаю, що Бог нас, апостолів, поставив за найостанніших, мов на смерть засуджених, бо ми стали дивовищем світові, і Анголам, і людям».

Чому Бог дозволив апостолові Павлові, котрий був такий вірний, пережити такі великі гоніння і тяжкі випробування? Бог хотів, щоби Павло став людиною з прекрасним серцем, чистим, як кришталь. Павло не мав на кого покластися окрім Бога у страшних ситуаціях, коли його могли заарештувати або вбити у будь-яку мить. Він здобув спокій і радість у Бозі. Він повністю зрікся себе і зрощував серце Господа.

Наступна професія Павла така зворушлива, тому що він вийшов як прекрасна людина, пройшовши через випробування. Він не хотів уникнути труднощів, хоча було важко протистояти. Він відкрито заявив про свою любов до церкви і її членів у 2 Посланні до коринтян 11:28, промовивши: «Окрім зовнішнього, налягають на мене денні повинності й журба про всі Церкви».

Також у Посланні до римлян 9:3 він промовив про людей, які хотіли його вбити: «Бо я бажав би сам бути відлучений від Христа замість братів моїх, рідних мені тілом» Тут слова «моїх братів, рідних мені тілом», означають юдеїв і фарисеїв, які суворо переслідували і непокоїли його.

У Книзі Дії 23:12-13 написано: «А коли настав день, то дехто з юдеїв зібрались, та клятву склали, говорячи, що ні їсти, ні пити не будуть, аж доки Павла не заб'ють! А тих, що закляття таке поклали, було більш сорока».

Павло ніколи не змушував їх мати якісь важкі почуття щодо нього особисто. Павло ніколи не брехав їм і не завдавав шкоди. Але саме тому, що він проповідував Євангеліє і здійснював силу Бога, вони створили групу, яка поклялася вбити його.

Однак, він молився, щоби ті люди отримали спасіння, навіть якби він сам втратив його. Саме тому Бог наділив його такою великою силою: він зростив велике добро, за допомогою якого міг пожертвувати власним життям за тих, хто намагався зашкодити йому. Бог дозволив йому здійснити надзвичайні справи: виганяти злих духів і виліковувати хвороби за допомогою хусток і фартухів, якими він торкався людей.

Він називав їх богами

В Євангелії він Івана 10:35 написано: «Коли тих Він богами назвав, що до них слово Боже було, а Писання не може порушене бути». Коли ми отримуємо Боже Слово і застосовуємо його на практиці, ми стаємо людьми істини, а саме, людьми духу. Так ми стаємо схожими на Бога, Котрий є дух: стаємо людьми духу і до того ж людьми повного духу. І так само ми можемо стати людьми, схожими на Бога.

У Книзі Вихід 7:1 написано: «І сказав ГОСПОДЬ до Мойсея: Дивись, Я поставив тебе замість Бога для фараона, а твій брат Аарон буде пророк твій». Також у Книзі Вихід 4:16 написано: «І він буде говорити за тебе до народу. І станеться, він буде тобі устами, а ти будеш йому замість Бога». Як написано, Бог дав Мойсею таку велику силу, що Мойсей став для людей замість Бога.

У Книзі Дії 14 в ім'я Ісуса Христа апостол Павло поставив на ноги чоловіка, який ніколи не ходив у своєму житті. Коли той встав і почав стрибати, люди були настільки здивовані, що промовили: «Боги людям вподібнились, та до нас ось зійшли!...» (Книга Дії 14:11). З цього прикладу зрозуміло, що люди, які ходили з Богом, могли стати подібними до Бога, бо вони – люди духу, незважаючи на те, що мають фізичні тіла.

Тому у 2 Посланні Петра 1:4 написано: «Через них даровані нам цінні та великі обітниці, щоб ними ви стали учасниками Божої Істоти, утікаючи від пожадливого світового тління».

Уявімо собі, що Бог щиро бажає, щоби люди брали участь у божественній природі Бога, так щоби ми позбулися згубного тіла, яким задовольняється лише сила темряви, народили дух через Дух і насправді взяли участь у божественній природі Бога.

Відколи ми досягли рівня повного духу, це означає, що ми повернули собі дух повністю. Повернути собі дух повністю означає, що ми повернули собі образ Бога, який був втрачений внаслідок гріхопадіння Адама, і тому, це означає, що ми є спільниками божественної природи Бога.

Відколи ми досягнемо цього рівня, ми можемо отримати силу, яка належить Богові. Божа сила – це дар, який дається тим дітям, які схожі на Бога (Псалом 61:12). Свідченням того, що ви отримали Божу силу, є ознаки і дива, надзвичайні чуда і чудові події, які явно показані справами Святого Духу.

Отримавши таку силу, ми можемо привести безліч душ на шлях життя і спасіння. Завдяки силі Святого Духа Петро здійснив багато великих справ.

Лише після однієї проповіді більш ніж п'ять тисяч людей

отримали спасіння. Сила Бога – це доказ того, що живий Бог перебуває саме з тією людиною. Це також вірний шлях посадити віру в людях.

Люди не повірять доки не побачать ознаки і дива (Євангеліє від Івана 4:48). Тому Бог демонструє Свою силу через людей повного духу, які повернули собі дух повністю, так щоби люди змогли повірити у живого Бога, Спасителя Ісуса Христа, в існування небес і пекла, а також у правдивість Біблії.

Розділ 4

Духовне царство

В Біблії часто розповідається про духовне царство і про те, як люди знають його з власного досвіду. Це духовне царство, в яке ми потрапимо після життя на цій землі.

Апостол Павло знав таємниці духовного царства

В Біблії зображене безмежне духовне царство

Небеса і пекло дійсно існують

Життя після смерті для тих людей, які не отримали спасіння

Як сонце і місяць відрізняються у своїй славі

Небеса неможливо порівняти з еденським раєм

Новий Єрусалим – найкращий подарунок для справжніх дітей

Коли люди, які повернули собі втрачений образ Бога, завершують своє життя на землі, вони повертаються у духовне царство. На відміну від нашого фізичного царства, духовне царство – це безмежне місце. Ми не можемо виміряти його висоту, глибину або широту.

Таке безкрайнє духовне царство можна розділити на простір світла, який належить Богові, і простір темряви, в якому дозволено бути злим духам. У просторі світла знаходиться Небесне Царство, приготоване для дітей Бога, які отримали спасіння за вірою. У Посланні до євреїв 11:1 написано: «А віра то підстава сподіваного, доказ небаченого». Як написано, духовне царство – це світ, який неможливо побачити. Але, так само як неможливо довести існування вітру у фізичному світі, адже він існує, якщо ми з вірою сподіватимемось на те, чого немає у фізичному світі, очевидні докази існування підтвердять його існування.

Віра – це ворота, які поєднують нас з духовним царством. Це шлях для нас, хто живе у цьому фізичному світі, зустріти Бога, Який живе у духовному царстві. Маючи віру, ми можемо спілкуватися з Богом, Котрий є дух. Ми можемо чути і розуміти Боже Слово, якщо наші духовні вуха і очі відкриті, ми можемо бачити духовне царство, яке неможливо побачити фізичними очима.

Коли наша віра зростає, ми матимемо більшу надію на Небесне Царство і глибше розумітимемо серце Бога. Якщо ми розуміємо і відчуваємо Його любов, ми не зможемо не любити Його. Крім того, відколи ми отримаємо бездоганну віру, відбудуться справи духовного царства, які абсолютно неможливі у фізичному царстві, тому що Бог буде з нами.

Апостол Павло знав таємниці духовного царства

У 2 Посланні до коринтян 12:1 і далі Павло розповідає про свій досвід у духовному царстві: «Не корисно хвалитись мені, бо я прийду до видінь і об'явлень Господніх». Тут розповідається про його досвід, коли він побував у раю, у небесному царстві, на Третьому Небі.

У 2 Посланні до коринтян 12:6 він говорить: «Бо коли я захочу хвалитись, то безумний не буду, бо правду казатиму; але стримуюсь я, щоб про мене хто більш не подумав, ніж бачить у мені або чує від мене». Апостол Павло мав великий духовний досвід і отримував откровення від Бога, але він не міг говорити про все, про що знав щодо духовного царства.

В Євангелії від Івана 3:12 Ісус сказав: «Коли Я говорив вам про земне, та не вірите ви, то як же повірите ви, коли Я говоритиму вам про небесне?» Навіть побачивши так багато могутніх справ власними очима, учні Ісуса не змогли повністю повірити Ісусові. Вони отримали істинну віру лише побачивши на власні очі воскресіння Господа. Після того вони присвятили своє життя царству Бога і поширенню Євангелія. Також апостол Павло дуже добре знав про духовне царство і повністю виконав свій обов'язок всім своїм життям.

Чи можемо ми якимось чином відчути і зрозуміти таємниче духовне царство, як Павло? Звичайно, так. По-перше, ми повинні прагнути духовного царства. Сильне бажання щодо духовного царства доводить, що ми визнаємо і любимо Бога, Котрий є дух.

В Біблії зображене безмежне духовне царство

В Біблії ми можемо знайти багато записів про духовне царство і духовний життєвий досвід. Адам був створений живою істотою, тобто живим духом, і міг спілкуватися з Богом. Навіть після нього було багато пророків, які спілкувалися з Богом та інколи безпосередньо чули голос Бога (Книга Буття 5:22, 9:9-13; Книга Вихід 20:1-17; Книга Числа 12:8). Інколи анголи з'являлися людям, щоби передати послання Бога. Також існують записи про чотири живі істоти (Книга Пророка Єзекіїля 1:4-14), херувим (2 Книга Самуїлова 6:2; Книга пророка Єзекіїля 10:1-6), вогняні коні і вогняний віз (2 Книга Царів 2:11, 6:17), які належать духовному царству.

Червоне море розділилося навпіл. Вода полилася зі скелі завдяки Божому чоловіку, Мойсею. Сонце і місяць зупинилися і завмерли завдяки молитві Ісуса Навина. Ілля молився Богові і з небес зійшов вогонь. Після того, як він завершив всі свої обов'язки на цій землі, Ілля був забраний на небо у вихрі. Це декілька прикладів із подій, коли духовне царство охопило фізичний простір.

Крім того, у 2 Книзі Царів 6, коли армія Арама прийшла взяти у полон Єлисея, духовні очі Ґехазі, слуги Єлисея, відкрилися, і він побачив гору повну коней і огняних колісниць навкруг Єлисея, які мали захистити його. Даниїла вкинули у лев'ячий рів за планом вельмож, але він залишився неушкодженим, тому що Бог послав Свого ангола, який закрив пащі левам. Троє друзів Даниїла не скорилися наказові царя щоби дотриматися своєї віри, і були вкинені у вогняну піч, у сім разів гарячішу, ніж звичайна. Але жодна волосина на їхній голові не обпалилася.

Божий Син, Ісус, також прийняв на себе тіло людини, коли зійшов на цю землю, але Він зробив очевидними речі безкрайнього духовного царства, не пов'язавши себе з обмеженнями фізичного простору. Він воскрешав мертвих, зцілював різноманітні хвороби, ходив по воді. Крім того, після Свого воскресіння Ісус раптом з'явився двом Своїм учням, які йшли в Еммаус (Євангеліє від Луки 24:13-16), Він пройшов крізь стіни будинку і увійшов у нього, тому що ті учні, які боялися юдеїв, замкнулися у будинку (Євангеліє від Івана 20:19).

Насправді це телепортація, що переходить межі фізичного простору. Це говорить нам про те, що духовне царство переходить межі часу і простору. Крім фізичного простору, який видимий для наших очей, існує духовний простір, і Він рухався у цьому духовному просторі, щоби з'явитися у тому місці і в той час, де і коли Йому хотілося.

Ті діти Бога, які є громадянами небес, повинні мати палке бажання щодо духовних речей. Бог дозволяє таким людям, які мають таке палке бажання, відчути духовне царство, як Він сказав у Книзі Пророка Єремії 29:13: «І будете шукати Мене, і знайдете, коли шукатимете Мене всім своїм серцем».

Ми можемо увійти у дух і Бог може відкрити наші духовні очі, коли ми на додаток до свого палкого бажання позбудемося самовпевненості, самоконцептуалізації і егоцентричних рамок.

Апостол Іван був одним із дванадцяти апостолів Ісуса (Книга Об'явлення 1:1, 9). У 95 році нашої ери його арештував Доміціан, римський імператор, і вкинув його у казан з киплячою олією. Та він не загинув, але був висланий на острів Патмос в Егейсьому морі. Там він записав Книгу Об'явлення.

Щоби Іван отримав глибокі одкровення, він повинен був відповідати певним вимогам. Він повинен був бути святим, не мати жодного зла і мати серце Господа. Він міг приносити найглибші таємниці і об'явлення небес за надиханням Святого Духу через палкі молитви, які були принесені з чистим і святим серцем.

Небеса і пекло дійсно існують

У духовному царстві перебувають небеса і пекло. Скоро після того, як я відкрив Церкву Манмін, Бог одного разу під час моєї молитви показав мені небеса і пекло. Красу і щастя, які відчуваються на небесах, неможливо висловити або передати словами.

У часи Нового Заповіту люди, які прийняли Ісуса Христа як свого особистого Спасителя, отримали прощення гріхів і спасіння. Спочатку, після завершення земного життя вони потрапляють до першої могили. Там вони перебувають протягом трьох днів щоби адоптуватися до духовного царства, потім вони переходять до місця очікування у раю, що в Небесному Царстві. Отець віри, Авраам, завідував верхньою могилою до вознесіння Господа, тому ми знаходимо записи в Біблії про те, як бідняк Лазар перебував у «лоні Авраама».

Ісус проповідував Євангеліє душам у вищій могилі після Своєї смерті на хресті (1 Послання Петра 3:19). Після того, як Ісус проповідав Євангеліє у верхній могилі, Він воскрес і привів всі душі, які були там, до раю. Відтоді ті душі, які отримали спасіння, залишаються у місці очікування на небесах, що знаходиться у передмісті раю. Після завершення Суду великого білого престолу вони перейдуть у свої небесні оселі відповідно до міри віри кожного і житимуть там вічно.

Під час Суду великого білого престолу, який

відбуватиметься після завершення зрощення людства, Бог судитиме всі вчинки кожної народженої людини від створення людства, хороші або погані. Це називається Судом великого білого престолу, тому що судний престол Бога буде настільки яскравим і блискучим, що виглядатиме абсолютно білим (Книга Об'явлення 20:11).

Великий суд проходитиме після другого пришестя Господа на повітрі і на землю, після завершення тисячолітнього царства. Для душ, які отримали спасіння, це буде суд винагород, а для тих, хто не отримав спасіння, це буде суд покарання.

Життя після смерті для тих людей, які не отримали спасіння

Люди, які не прийняли Господа, і ті, які відкрито визнали свою віру у Нього, але не отримали спасіння, будуть взяті двома посланцями пекла після своєї смерті. Вони залишаться у місці, схожому на велику яму протягом трьох днів, щоби підготуватися до життя у нижній могилі. На них чекає лише страшний біль. Через три дні вони перейдуть до нижньої могили, де вони отримають свої відповідні покарання в залежності від своїх гріхів. Нижня могила, яка належить пеклу, така ж безкрая, як і небеса, і там є багато різноманітних місць, щоби дати притулок душам, які не отримали спасіння.

Доки не розпочався Суд великого білого престолу, душі залишаються у нижній могилі, отримуючи різноманітні покарання. Ці покарання включають у себе подряпини від комах, або тварин, або катування посланцями пекла. Після Суду великого білого престолу вони потраплять до вогняного або сірчаного озера (також відомого як озеро палаючої сірки) і страждатимуть вічно (Книга Об'явлення 21:8).

Покарання у вогняному або сірчаному озері незрівнянно болючіші за покарання у нижній могилі. Вогонь пекла неймовірно гарячіший. Сірчане озеро у сім разів гарячіше за вогняне озеро. Це для тих людей, які вчинили непробачні гріхи, такі як, наприклад, ганьба на Святого Духа і протидія Святому Духу.

Одного разу Бог показав мені вогняне і сірчане озеро. Місця були безмежні, наче наповнені парою, яка виходила з гарячих джерел, і можна було побачити невиразні обриси людей. Деяких можна було побачити до пояса, а інші перебували в озері по шию. У вогняному озері вони корчилися і пронизливо кричали, а у сірчаному озері біль був настільки сильним, що люди не могли навіть корчитися від болю. Ми повинні повірити, що цей невидимий світ безсумнівно існує, і жити за Божим Словом, так що ми неодмінно отримаємо спасіння.

Як сонце і місяць відрізняються своєю славою

Говорячи про наше тіло після воскресіння, апостол Павло

промовив: «Інша слава для сонця, та інша слава для місяця, та інша слава для зір, бо зоря від зорі відрізняється славою!» (1 Послання до коринтян 15:41).

Слава сонця означає славу, дану тим людям, які повністю позбулися своїх гріхів, освятилися і були вірними в усьому Божому домі на цій землі. Слава місяця означає славу, дану людям, які не досягли рівня слави сонця. Слава зірок дана людям, які досягли навіть менше, ніж слава місяця. Також як зоря відрізняється від зорі славою, всі люди отримають різну славу і нагороди, навіть якщо кожна людина увійде у той самий рівень оселі на небесах.

В Біблії говориться про те, що ми отримаємо різну славу на небесах. Небесні оселі і нагороди відрізнятимуться в залежності від того, наскільки ми позбулися гріхів, наскільки ми маємо духовну віру, і наскільки вірними ми були для Божого Царства.

Небесне Царство має багато осель, призначених для кожної душі відповідно до їхньої міри віри. Рай дається тим, хто має найменшу міру віри. Перше Небесне Царство – це вищий рівень від раю, Друге Небесне Царство краще за Перше, а Третє Небесне Царство краще за Друге. У Третьому Небесному Царстві знаходиться місто Новий Єрусалим, де розташований Божий престол.

Небеса неможливо порівняти з еденським раєм

Еденський рай – це таке прекрасне і спокійне місце, що його неможливо порівняти з найкрасивішими місцями на цій землі. Але еденський рай неможливо порівняти з Небесним Царством. Щастя, яке відчувається в еденському раї, і яке відчувається у Небесному Царстві, абсолютно відрізняється, тому що еденський рай – це Другі Небеса, а Небесне Царство – це Треті Небеса. Також тому що люди, які живуть в еденському раї, -- не істинні діти, які зазнали процесу зрощення людства.

Припустимо, життя на землі – це життя у темряві, без світла, тоді життя в еденському раї – це життя з лампою, а життя на небесах – це життя під яскравим світлом електричних ліхтарів. Доки не винайшли електричну лампу, люди користувалися тьмяними лампами. Але все-таки вони були дорогими. Коли люди вперше побачили електричне освітлення, вони були вражені.

Вже згадувалося раніше, що різні небесні оселі будуть даватися людям відповідно до їхньої міри віри, до того, яке серце духу вони зростили протягом свого життя на землі. І кожна небесна оселя істотно відрізняється одна від одної славою і щастям, яке можна там відчути. Якщо ми станемо по той бік простого освячення, щоби бути вірними в усьому Божому домі і стати повністю духовною особою, ми можемо увійти у Новий Єрусалим, де знаходиться Божий престол.

Новий Єрусалим – найкращий подарунок для справжніх дітей

Як Ісус промовив в Євангелії від Івана 14:2: «Багато осель у домі Мого Отця», на небесах насправді багато осель. Там є місто Новий Єрусалим, де розташований престол Божий, існує також рай, місце для тих, хто ледве отримав спасіння.

Місто Новий Єрусалим також називається «Містом Слави», найгарніше місце серед усіх небесних осель. Бог бажає, щоби всі не просто отримали спасіння, але й увійшли у це місто (1 Послання Тимофію 2:4).

Фермер не може зібрати пшеницю лише найкращої якості у своєму господарстві. Так само, не всі люди, які піддаються зрощенню, можуть стати справжніми Божими дітьми, які перебувають у повному дусі. Тому для тих, хто не отримав права увійти до Нового Єрусалиму, Бог підготував багато осель, починаючи з раю і до Першого, Другого і Третього Небесного Царства.

Рай і Новий Єрусалим дуже відрізняються одне від одного, як маленька обшарпана хатинка і королівський палац. Саме як батьки бажають дати своїм дітям все найкраще, Бог бажає, щоби ми стали Його справжніми дітьми і всім ділилися з Ним у Новому Єрусалимі.

Любов Бога безмежна для певної групи людей. Вона дається всім, хто прийняв Ісуса Христа. Але небесні оселі і нагороди, а також міра любові Бога буде відрізнятися в залежності від міри освячення і віри кожної людини.

Люди, які потрапляють у рай, Перше або Друге Небесне

Царство, не позбулися повністю свого тіла, тому вони не можуть бути справжніми дітьми Бога. Так само, як маленькі діти не розуміють всього щодо своїх батьків, для них важко зрозуміти Боже серце. Тому Божа любов і справедливість проявляється у тому, що Він підготував різні оселі відповідно до міри віри кожної людини. Так само як приємніше бути поблизу друзів спільного віку, громадянам небес зручніше і приємніше збиратися разом з тими, хто має подібний рівень віри.

Місто Новий Єрусалим – це також доказ того, що Бог отримав ідеальні плоди завдяки зрощенню людства. Дванадцять каменів, які становлять підвалини міста, доводять, що серце Божих дітей, які входять у місто, такі ж прекрасні, як і дорогоцінні коштовні камені. Брами із перлини доводять той факт, що ті діти, які пройшли крізь ті брами, зростили у собі терпіння, так само як черепашки роблять перлини своїм терпінням.

Коли вони проходять крізь брами із перлини, вони згадують час свого терпіння і наполегливості на шляху до небес. Прямуючи золотими шляхами, вони згадують свій шлях віри на цій землі. Розмір і прикраси будинків, даних кожній людині, нагадуватимуть їм про те, як сильно вони любили Бога і як вони прославляли Бога своєю вірою.

Люди, які можуть увійти у Новий Єрусалим, можуть побачити Бога віч-на-віч, тому що вони зростили серце чисте і прекрасне, як кришталь, і стали справжніми Божими дітьми. Їм також служитимуть численні ангели. І житимуть вони у вічному щасті і радості. Це таке захоплююче і святе місце, яке існує поза будь-якою людською уявою.

На небесах, як і на землі існують різноманітні книжки. Існує книга життя, де записані імена людей, які отримали спасіння. Також існує книга пам'яті, де розповідається про те, що може служити нагадуванням у вічності. Вона золотого кольору, має благородні і королівські візерунки на обкладинці, так що кожен може легко помітити, що це дуже цінна книжка. У ній детально записано про те, які справи чинила кожна людина у кожній ситуації. Важливі моменти також записані на відео.

Наприклад, там записані такі події, коли Авраам збирався принести свого сина Ісака у жертву цілопалення; коли Ілля викликав вогонь з небес; коли Даниїл був захищеній у рові з левами; і коли троє друзів Даниїла залишилися неушкодженими у вогняній печі, щоби прославити Бога. Бог обрав певний, дорогоцінний день, щоби відкрити частину книжки і познайомити людей з її змістом. Божі діти слухають Його з почуттям щастя, прославляють і звеличують Бога.

Також у місті Новий Єрусалим постійно проводитимуться бенкетів. Багато з них проводитиме Бог-Отець. Бенкети проводить Господь, Святий Дух, пророк Ілля, Енох, Авраам, Мойсей і апостол Павло. Інші віруючі також можуть запросити інших братів проводити бенкети. Бенкети – це найвища точка радості небесного життя. Це місце, де з першого погляду можна побачити багатство, волю, красу і славу небес.

Навіть на цій землі люди гарно прикрашають себе, мають задоволення від їжі і напоїв під час великих обідів. Те саме відбувається на небесах. Під час святкових обідів на небесах ангели співають, танцюють і виконують музику. Божі діти також можуть співати і танцювати під музику. Місце наповнене прекрасними танцями, співами і щасливим сміхом. Вони радісно спілкуються з братами за вірою, сидячи навколо столів тут і там, або вони можуть вітати патріархів віри, яких прагнули зустріти.

Якщо їх запросять на бенкет, який проводитиме Господь, віруючі прикрашатимуть себе, докладаючи всіх зусиль, як найгарніші наречені Господа. Господь – наш духовний наречений. Коли наречені Господа досягнуть фасаду палацу Господа, два ангели покірливо приймуть їх з обох боків яскравої брами із золотими ліхтарями.

Стіни замку прикрашені різноманітними коштовними каменями. На верхівці стіна прикрашена гарними квітами, які дають ніжний аромат для нареченої Господа, які тільки-но прийшли туди. Коли вони увійдуть у замок, вони почують звуки музики, які торкнуться навіть найглибших частин їхнього духа. Вони відчують щастя і затишок із звуками прославляння, і будуть глибоко зворушені їхніми подяками, думаючи про любов Бога, Який направляв їх до того місця.

Коли вони прямуватимуть дорогою із золота до головної

будівлі замку Господа, під проводом анголів, їхнє серце сповниться хвилюванням. Коли вони проходитимуть біля головної будівлі, вони зможуть побачити Господа, Який вийшов, щоби прийняти їх. У ту ж мить їхні очі наповняться сльозами, але тепер вони бігтимуть назустріч Господу, тому що бажатимуть зустрітися з Ним якомога скоріше.

Господь обійме їх по черзі, Його обличчя сповнене любові і співчуття, руки Його широко відкриті. Він вітає їх, промовляючи: «Заходьте, мої прекрасні наречені! Ласкаво запрошую!» Віруючі, яких тепло запрошує Господь, дякуватимуть Йому всім серцем, промовляючи: «Щиро дякую за запрошення!» Так само, як ті, хто щиро ділиться своєю любов'ю, вони йтимуть пліч-о-пліч з Господом, роздивляючись все, що навколо них, і розмовляючи з Ним про те, що б вони дуже хотіли мати на цій землі.

Життя у місті Новий Єрусалим разом із Триєдиним Богом сповнене любові, радості, щастя і задоволення. Ми можемо бачити Бога віч-на-віч, перебувати у Його лоні, подорожувати з Ним і насолоджуватися багатьма речами разом з Ним! Це дуже щасливе життя! Щоби насолоджуватися таким щастям, ми повинні стати святими, досягти духа і до того ж повного духа, який абсолютно схожий на серце Господа.

Отже, давайте швидко досягнемо повного духа завдяки своїй надії, отримаємо благословення в усьому, будемо здоровими, тому що добре вестиметься душі нашій, і пізніше підійдемо якомога ближче до Божого престолу, що розташований у славетному місті Новий Єрусалим.

Автор:
Доктор Джерок Лі

Доктор Джерок Лі народився у 1943 році у Муані, провінція Джеоннам, Республіка Корея. До тридцяти років на протязі семи років доктор Лі страждав від невиліковних хвороб і мав померти, не маючи надії на одужання. Одного дня навесні 1974 року його сестра привела його до церкви. І коли він став на коліна і помолився Богові, Бог зцілив його від усіх хвороб.

З того моменту, коли доктор Лі пізнав живого Бога через такий чудовий випадок, він щиро полюбив Бога усім серцем. А у 1978 році Бог покликав його на служіння. Джерок Лі палко молився про те, щоби ясно зрозуміти волю Бога та повністю виконати її. У 1982 році він заснував Центральну Церков Манмін у Сеулі, Південна Корея, а також почав виконувати численні Божі справи. У церкві почали відбуватися чудесні зцілення та дива.

У 1986 році доктор Лі отримав духовний сан пастора Щорічної асамблеї християнської церкви Сункюл, Корея. А через чотири роки, у 1990 році, його проповіді почали транслюватися в Австралії, Росії, на Філіппінах та у багатьох інших країнах Радіотрансляційною компанією Далекого Сходу, Широкомовною станцією Азії та Християнським радіо мережі Вашингтон.

Через три роки, у 1993, журнал «Християнський світ» (США) оголосив Центральну Церков Манмін однією з «50 найбільших церков світу». Джерок Лі отримав почесний ступінь доктора богослов'я у Коледжі Християнської Віри, Флоріда, США. А у 1996 році – ступінь доктора духівництва у Теологічній семінарії Кінгсвей, Айова, США.

З 1993 року доктор Лі керує всесвітньою місією, проводить багато кампаній у Танзанії, Аргентині, Латинській Америці, Місті Балтимор, на Гавайях, у місті Нью-Йорк (США), в Уганді, Японії, Пакистані, Кенії, на Філіппінах, у Гондурасі, Індії, Росії, Німеччині, Перу, Демократичній Республіці Конго, Ізраїлі та Естонії.

У 2002 році найбільша християнська газета Кореї назвала Джерок Лі «Всесвітнім пастором» за його роботу у багатьох великий об'єднаних кампаніях, що проводилися за кордоном. Особливо його «Кампанія Нью-Йорк 2006», яка проводилася у Медісон Сквер Гарден, найвідомішій у світі арені, транслювалася для 220 країн світу. Під час «Ізраїльської об'єднаної кампанії

2009», яка проводилася у Міжнародному Центрі Конвенцій в Ізраїлі, доктор Лі сміливо проголосив Ісуса Христа Месією і Спасителем. Його проповіді транслюються у 176 країнах світу через супутники, у тому числі телебачення ВХМ. Також доктор Джерок Лі потрапив у десятку найвпливовіших християнських лідерів 2009 і 2010 років за версією найпопулярнішого російського журналу «Ін Вікторі» і нового агентства «Крістіан Телеграф» за його могутнє телевізійне служіння і пасторське служіння за кордоном.

З березня 2012 року Центральна Церква Манмін налічує більше 120 000 членів. Вона має 10 000 церков-філій в усьому світі, у тому числі 54 домашні церкви-філії, також відправила більше 129 місіонерів у 23 країни світу, у тому числі США, Росію, Німеччину, Канаду, Японію, Китай, Францію, Індію, Кенію та багато інших.

На момент виходу цієї книжки доктор Лі написав 64 книжки, серед яких є бестселери: «Відчути вічне життя до смерті», «Моє життя, моя віра I і II», «Слово про хрест», «Міра віри», «Небеса I і II», «Пекло», «Сила Бога». Його роботи були перекладені більш ніж на 74 мови.

Його статті друкуються на шпальтах видань: «Ганкук Ілбо», «ДжунАн Дейлі», «Чосун Ілбо», «Дон-А Ілбо», «Мунгва Ілбо», «Сеул Шінмун», «Кунгуан Шінмун», «Ганкеорей Шінмун», «Економічна щоденна газета Кореї», «Вісник Кореї», «Шіса Ньюс» та «Християнська газета».

Доктор Лі є та головою багатьох місіонерських організацій та об'єднань. Він – голова Об'єднаної церкви святості Ісуса Христа; президент Всесвітньої Місії Манмін; незмінний президент Асоціації всесвітньої місії християнського відродження; засновник і голова правління Всесвітньої християнської мережі (ВХМ); засновник і голова правління Всесвітньої мережі християнських лікарів (ВМХЛ); а також засновник і голова правління Міжнародної семінарії Манмін (МСМ).

Небеса I і II

Детальна розповідь про розкішне оточення, в якому житимуть небесні мешканці, а також прекрасний опис різних рівнів небесних царств.

Слово про Хрест

Сильна проповідь пробудження про всіх людей, які перебувають у духовному сні. Із цієї книги ви дізнаєтеся про те, чому Ісус – Єдиний Спаситель, а також про істинну Божу любов.

Пекло

Відкрите послання Бога всьому людству. Він бажає, щоби жодна людина не потрапила у пекло. Ви дізнаєтеся про досі невідомі думки щодо жорстокої дійсності Гадесу та пекла.

Дух, Душа і Тіло I і II

Посібник, який дає нам духовне розуміння духу, душі і тіла, і допомагає нам дізнатися про те, яке «я» ми створили, так щоби отримати силу перемогти темряву і стати людиною духу.

Міра Віри

Які оселі, вінці та нагороди приготовані для вас на небесах? Ця книга додасть вам мудрості і скерує вас, щоби ви виміряли свою віру, розвивали і вдосконалювали її.

Пробудження Ізраїлю

Чому Бог споглядав за Ізраїлем з самого початку і до теперішніх часів? Яке провидіння було приготоване в останні дні для Ізраїльського народу, який досі чекає на Месію?

Моє Життя, Моя Віра I і II

Автобіографія доктора Джерок Лі дозволяє читачам відчути найприємніший духовний аромат, розповідаючи про життя, що цвіте надмірною любов'ю до Бога посеред чорних хвиль, холодного ярма і найглибшого розпачу.

Сила Бога

Книга, яку бажано прочитати всім. Ця книга – важливий провідник, завдяки якому кожен може оволодіти істинною вірою і відчути дивовижну силу Бога.

www.ingramcontent.com/pod-product-compliance
Lightning Source LLC
Chambersburg PA
CBHW061242120726
48001CB00001B/106